JUNEの時代

BLの夜明け前

佐川俊彦

Toshihiko Sagawa

AKISHOBO

「ＪＵＮＥ」の時代　ＢＬの夜明け前　目次

まえがき　006

第1章　駆け出しの頃
『JUNE』創刊前夜　009

あだち充先生の取材で冷や汗をかく
「お前はどっちから金もらってるんだ？」
ささやななえとの出会い
『ＪＵＮＥ』はＢＬ雑誌ではなかった
「耽美」ではなく「お耽美」
「やおい」の始まりは冗談だった

第4章 シーンが生まれるまで

『ＪＵＮＥ』の成功とＢＬの夜明け

なぜ「少年」ではなく、「美少年」だったのか
本物と偽物のあわいで
増山法恵さんと「神の子羊」
『小説ＪＵＮＥ』の創刊
小説とは、料理である
他社を巻き込んで、シーンが生まれた
ライトノベルの始まり
原稿料の出る同人誌？

まえがき

「アルバイトでもいいから、企画を出せ！」

その社長の一言が、まさか現在の、国境を越えて広がる日本の革新的な女性文化「ＢＬ」につながっていくことになろうとは……。

神ならぬ身の知るよしもなかったですね、本当に。

時代の話になるので、ちょっと自己紹介しておきますと、僕が生まれたのは１９５４年（昭和29年）、同じ頃に誕生したのは、ゴジラ、自衛隊、大友克洋、林真理子、古舘伊知郎、ジ・アルフィー、三ツ矢雄二、『火の鳥』……なんかスゴいでしょ（笑）。

公園の山には防空壕がまだ埋められずにあり、街には傷痍《しょうい》軍人の人たちがいましたが、もう戦後というより、あれ以上悪いことは起こらないであろう明るい未来しかない感じの空気の時代だったようです。

そして、その僕の生まれた午年《うまどし》ならぬゴジラ年から数年後に、おたく第一世代が大量に誕生するので、前の世代と次の世代の間、どっちでもあり、どっちでもないことで、ある意味、橋渡しや通訳ができる立場にもなれるのでした。

それと、あとでまた語りますが、子ども時代は病弱で寝たきり、体育やイベントは「見学」ばかりだった自分の、その見学者モードが、あとになってみると、逆に〈編集者〉という仕事には合っていたようなのです。

戦争はもちろん大反対ですし、上のいわゆる全共闘世代も、どちらかというと反面教師として見ていたノンポリなので、バトルは苦手です。

体力も気力も持久力も学力も戦力も普通以下、マイナスの自分に、いったい何ができるのだろう？　不安しかなかった病人が、女性の心を自由にするための創作活動のサポート、お手伝いをすることになろうとは……。

偶然か必然か、はたまた運命か、面白くてためになる（かもしれない）やおいＢＬ紀元前、創世記、黎明編《れいめいへん》のお話をしてみることに、いたしましょう。

第１章

駆け出しの頃

『JUNE』創刊前夜

駆け出しの頃

僕がまだアルバイトの編集者だった頃、サン出版（現マガジン・マガジン）という出版社で、雑誌『JUNE（ジュネ）』を企画創刊したのは、もう40年以上も昔のことになります。

この文章を読んでいる若い読者には、『JUNE』と言われても「何のことかさっぱり」という人もたくさんいるでしょうね。

簡単に説明すると、『JUNE』はズバリ「美少年」（あるいは「美青年」）をテーマにした雑誌で、マンガ、評論、小説、映画、その他「美少年」にまつわるものなら何でも取り扱う不思議な媒体《メディア》でした。今でいう、「BL（ボーイズラブ）」のはしりのようなものだと思ってもらえるとわかりやすいかもしれません。

もっとも、当時はまだBLという言葉はありませんでした。だから、

「あなたのやっている雑誌は何なんですか？」

と訊《き》かれると、とても説明に困ったのを覚えています。それでいろんな言葉を使って説

明しようとしました。たとえば、『JUNE』創刊号（1978年）の表紙には、「AESTHETIC MAGAZINE FOR GALS（エステティック・マガジン・フォー・ギャルズ）」というコピーが書かれていますが、「AESTHETIC」は「美的」とか「美学的」というような意味で、当時は「耽美《たんび》」などと言っていました。「エステ」と言ったら、「美容雑誌かな？」と思われるかもしれませんが、「女の子のための耽美雑誌」ということです。『JUNE』は「美少年」「美青年」による「男の子同士の愛」をコンセプトにした雑誌でした。それも一種の「ファンタジー」としての「男性同士」を打ち出したもので、読者の大半は、当時少女マンガなどを読んでいた女の子たちでした。だから、「男性同士」と言ってもいわゆる「ゲイ雑誌」ではありません。

その背景にあったのは、「24年組」と呼ばれる少女マンガ家さんたち（昭和24年前後に生まれた一群の革新的な少女マンガ家たちの総称）の作品群です。僕が『JUNE』を企画創刊したのは1978年ですが、その前後の数年の間に、萩尾望都先生の「トーマの心臓」（1974年から連載）や竹宮惠子先生の「風と木の詩《うた》」（1976年から連載）、木原敏江先生の「摩利と新吾」（1977年から連載）や山岸凉子先生の「日出《ひ》処《いずるところ》の天子《てんし》」（1980年から連載）などが次々と発表され、少女マンガ界では、「男性同士」の愛をテーマにした作品が大きな盛り上がりを見せていました。

ちょうどその頃、ロック・ミュージックの世界でも、男性がメイクをして性別不詳の危うい魅力を醸《かも》し出すグラマラスな「グラム・ロック」が流行っていました。デヴィッド・ボウイなどがその代表です。左右の瞳の色が違うオッド・アイを持つボウイは、中性的な香りを放つロック・スターとして大変な人気でした。今では男性のメイクも普通のことになりましたが、当時はとても珍しいことだったんです。

1975年にはコミックマーケットも始まります。コミケでも「男性同士」のテーマが流行っていて、「やおい」(「山なし、落ちなし、意味なし」の略語で、男性同士のカップリングの2次創作の呼称として広まった)という言葉が生まれたのもこの時代のことです。なんだかマンガ界の一部が、「男性同士」というモチーフで盛り上がらんとする兆しを見せ始めていました。

あちこちでそういったことが起こり始めた頃、たまたま、マンガ好きの大学生だった僕は、大学のサークル(「ワセダミステリクラブ」)の先輩に誘われて、サン出版に劇画誌の編集アルバイトとして入りました。

そこでちょうどタイミング良く、

「アルバイトでもかまわないから企画を出せ」

と、会社に言われたんですね。それが『JUNE』の始まりです。

アルバイトの思い付きから始まって、手探りでつくった『ＪＵＮＥ』という雑誌はそのまま20年近く、１９９５年まで続いて、そこから派生した兄弟誌『小説ＪＵＮＥ』のほうは２００４年まで続き、読者の皆さんに長く愛される雑誌に育ちました。

やっていた僕の実感からすると、本当に「読者と作者と一緒に育っていった雑誌」という感じで、今では「元祖ＢＬ雑誌」というありがたい称号までいただいています。

これからお話しするのはその頃のこと――まだ「美少年って何じゃ？」というのが、僕にも、読者にも、もしかしたら作家さんにもよくわかっていなかった、すごくモヤモヤするけど、そのモヤモヤにどうしようもなく惹《ひ》かれてしまった――そんな時代の出来事です。

少女マンガとの出会い

僕は小さな頃からマンガや小説が大好きな子で、手塚治虫先生や石ノ森（当時は石森）章太郎先生、藤子不二雄先生、桑田二郎（当時は次郎）先生などのマンガを読んで育ちました。

でも、僕たちが子どもの頃は、マンガはずっと低級なものだと思われていて、学校で没収の対象になるものの代表がマンガでした。マンガは小学生で卒業するもので、「マンガ代です。

を読むとバカになる」「中学生になったらちゃんと活字の本を読みなさい」と言われた時

マンガは学校の敵、教育の敵で、『少年ジャンプ』の永井豪先生の「ハレンチ学園」なんかは、PTAからものすごく叩かれていました。そんな中、僕はいつまでもマンガを読んでいて、今でいう「おたく」のはしりみたいな存在でした。

当時、僕は手塚先生の虫プロ商事が出していた『COM（こむ）』という雑誌を創刊号から愛読していました。大学で上京したら『COM』に投稿してマンガ家になるか、ダメだったらマンガの編集者か、貸本屋さんになりたい、と思っていました。

実は、萩尾望都先生や竹宮惠子先生、山岸凉子先生も、初期に『COM』に作品を投稿しているんですよね。当時新しく出てきた「24年組」の少女マンガは、僕らのような「マンガマニア」の男子にとっても大変な衝撃で、萩尾先生、竹宮先生、山岸先生、木原先生、大島弓子先生、青池保子先生、などの作品には、とにかく大注目していました。

「24年組」の作家たちの作品は高校生のときから読んでいました。最初、僕はどちらかというとSFマンガのファンで、少女マンガは詳しくありませんでした。クラスメイトの女子が『りぼん』を貸してくれていたので、小学校の頃から一応読んではいたのですが、のめり込んだのは中高時代の友達の影響です。

当時、男友達になぜか少女マンガが好きなやつがいたんです。飯田修くんっていうんですけど、彼が僕に少女雑誌を貸してくれたんですよね。それでほとんど彼から借りて、「24年組ってすごいな！」って思うようになっていました。僕は飯田くんのおかげで少女マンガに目覚めたんです。

当時はまだ「24年組」というふうには呼ばれていなかったはずですが、「24年組」は少女マンガ家がSFや歴史ロマンなどをテーマにした作品を書き始めたはしりの世代でもあります。彼女たちが少女マンガの枠組みを越えて、SFや歴史ものに次々と挑戦していったのは、自分たちが、手塚先生や石ノ森先生などの少年マンガの熱心な読者でもあったからでしょう。そういう部分が、マンガマニアだった僕の琴線《きんせん》に触れたのかもしれません。

憧れの東京で「オタ活」にいそしむ

地方の一マンガマニアだった僕は、1973年に高校を卒業して早稲田大学第一文学部に合格して、ようやく念願の東京に来ることができました。案の定、東京に来たらぜんぜん勉強はしなくて、同人活動に参加したり、学園祭での「サイボーグ009」の上映会を見に行ったりして、おたく活動に大忙しでした。

当時は「おたく」という言葉はまだなくて、ライターで作家の中森明夫氏が1983年に「おたくの研究」という文章（白夜書房の雑誌『漫画ブリッコ』に掲載）で、コミケに集まる人たちがお互いに「おたく」と呼び合うのを見て命名したと言われていますが、この「おたく」という呼び方は、本当に使っていたんですよ。

その頃は、こういう趣味はまだマイナーだったので、イベントに行くとだいたい同じ顔ぶれがいたりするんですよね。そうすると、顔は知っていても、名前は知らないから、

「おたくは？」

って話しかけるんです。顔見知りだけど、友達にまではならない、イベント会場でしか話さない。そんな人にも、

「おたくは次のアレ行く？」

とか言って情報交換できるから、すごく便利な言葉だったんです。

お互いに「おたくは？」ですませて、ぜんぜん名前を名乗らない（笑）。話が盛り上がって、そのあと喫茶店に行ってしゃべったりしたら、そこでようやく自己紹介するみたいな感じです。「おたく」のほかにも、冗談っぽく「おぬし」という言葉も使われていました。

「おぬし、なかなかやるな！」

みたいに。いわゆる「古《いにしえ》のおたく用語」というやつですね（笑）。これも、相手の名前

がわからなくてもコミュニケーションできる呼び方なんです。

だから、「おたく」はひきこもり的だとかよく言われますけど、もともとはそうじゃなかったんですよね。「おたく」が二人称であるというのが重要で、「同じような趣味を持っている者の間で、なんとかコミュニケーションをとりたい」と呼びかけるところから出てきた言葉なんです。

まだ、「大学生になってもマンガを読んでいる！」というのが、今時の若者の生態としてニュースになるような時代でしたから、とにかく情報交換できる仲間が欲しかったんですよ。

でも、僕が上京してまもなく、１９７３年に『ＣＯＭ』を発行していた虫プロ商事は倒

『COM』1967年3月号。石ノ森章太郎の「ジュン」が表紙になっている

『COM』1971年12月号。虫プロ商事の経営難により、結果的に休刊号になった

産してしまいました。せっかく東京に出てこられたのに、憧れの『ＣＯＭ』がもうない。それでしばらく呆然としていると、僕みたいな『ＣＯＭ』ファンの残党が全国に少なからずいて、それぞれアマチュアの同人活動を始めていました。

同人仲間と第1回コミケを手伝う

そのうちに「迷宮」という批評同人サークルの人たちと知り合いになりました。「迷宮」はコミケの初代代表になる原田央男《はらだてるお》さんや、二代目の代表になった米澤嘉博《よねざわよしひろ》さん、松田茂樹（亜庭《あにわ》じゅん）さんが中心になって活動していたサークルです。

「迷宮」の人たちと出会ったきっかけは、式城京太郎《しきじょうきょうたろう》（ペンネーム）さんという共通の友人を介してでした。上京して、とにかくマンガ関係の人たちと交流したいと、いろんな集まりに顔を出していたときに、最初は式城さんとそのガールフレンドと知り合いになったんです。それで、あるとき街を歩いていたら、二人と道でばったり会ったんですね。

「あれ、どこ行くの？」

なんて話していたら、

「これから和光大学の学園祭でアニメの上映会があるんだけど、佐川氏も行く？」

って言うんです。

面白そうだな、と思って僕も一緒に行ったのですが、それが原田さんたちがつくった少女マンガの自主アニメでした。ほとんど動きはないけれど、クラシック音楽が効果的に使われていました。

上映会のあと、そろそろ帰らなきゃと思っていると、式城さんが、

「泊まってく?」

と誘ってくれたんです。僕は地方から上京してまもないときだったので、

「東京の人ってすごいな!」

と思ったのをよく覚えています。ちょっと前に知り合ったばかりで、しかもガールフレンドと一緒なのに、気軽に泊めてくれるなんて、都会の人はスゴイなと。でも、実は静岡の人でしたが(笑)。式城さんは人見知りをぜんぜんしない、すごく親切な人だったんです。その晩は式城さんのアパートに泊まって、翌朝帰りました。

式城さんは当時『いちゃもん』という同人誌をやっていて、アニソン(アニメソング)の歌詞集なんかを出していました。その頃は、アニソンの歌詞は放送を聴いて覚えるか、レコードかソノシート(シート状の薄型レコード)を買うしかなかったので、みんな歌詞集を欲しがっていたんです。それで、僕の式城さんのイメージはいまだに「アニソンの人」なんですけど(笑)。

式城さんつながりで、原田さん、米澤さん、松田さんらの「迷宮」グループとも知り合って、渋谷や新宿の喫茶店に集まるおたく話に参加できるようになりました。

大学に在学中の1975年に、この「迷宮」周辺の人たちが中心になって、第1回のコミックマーケットが開催されます。そして、そのきっかけも式城さん——正確に言うと、式城さんのガールフレンド——でした。

当時、日本漫画大会という大きなイベントがあったんです。これも『COM』の読者だった人たちが中心になってつくったもので、ゲストマンガ家さんのトークやアニメ上映に加えて、古本や同人誌も売っている、みたいな催しでした。でも、このイベントは一部の運営の人が横暴だったり、イベントのお金の流れが不透明だったり、といった問題があって、参加者の間に不満が残るものだったそうです。

そのときに、式城さんのガールフレンドが、大会の参加応募用紙に前回の批判を添えて申し込みをしたんですよね。そうしたら、彼女はなんと運営から参加を拒否されてしまった。それに怒った「迷宮」周辺の人たちが「まんが大会を告発する会」というのを結成して、さらに、

「だったら、自分たちで場所をつくっちゃおう!」

ということになった。これがコミックマーケットの始まりなんです。

初期のコミケというのは、今のような大規模なものでは全然なくて、まだ、内輪の少人数しか集まらないものでした。会場も会議室で、一般のお客さんよりも出品サークルの人たちの知り合いが来るような、サークル同士で本を交換して仲良くなるようなスペースでした。最初の数回は、僕もそのお手伝いをしています。

当時、僕はいしいひさいちさんの『Oh!バイトくん』の大ファンで、ファンレターを出して文通しているうちに、その版元の関西のサークル「チャンネルゼロ工房」の「東京支店長」という肩書を拝命していたので、「チャンネルゼロ工房」として最初のコミケに出店もしました。

第1回のコミケに参加したのは32サークルで、来場者は700人くらい。会場も虎ノ門

第１回コミック・マーケットのポスター。美しいカラーのポスターは、実はガリ版刷り（by鈴木哲也）

「迷宮」による青焼きコピーの同人誌『漫画新批評体系』の第1号。1975年。イラスト・高橋祐子

裏通りの日本消防会館会議室ですから、全サークルをぐるりと一回りしても時間が余る規模でした。今のコミケは何万ものサークルが参加して、２０２３年の夏コミの来場者数は2日間で26万人だったそうですから、こんなに大きくなるなんて驚きですよね。

『ＣＯＭ』の頃は印刷費がまだ高かったので、マンガ同人誌は「肉筆回覧誌」の時代でした。手描きの生原稿を束にして留《と》めて、郵便で送って、一人一週間ぐらいの貸し出しで感想や批評を書いて、次の人に回す。こういうのが活動の中心でした。

それから、オフセット印刷がだんだん安く済むようになって、同人誌即売会ができるようになったのは、そういう時代背景もあったと思います。

当時の同人誌にはコピー誌もありました。それも、青焼きコピー（ブループリント）という、

チャンネルゼロ工房の同人誌『チャンネルゼロ』の創刊号。1975年。

チャンネルゼロ工房発行のいしいひさいち『Oh! バイトくん２』。第１回のコミケにも出品された。

トレーシングペーパーに書いた原稿を感光紙に重ねて複写するというのが安くて、「迷宮」の同人誌『漫画新批評体系』も最初の何号かは青焼きのコピー誌でした。

コピーした紙を手作業で折って重ねて、大きなホチキスでガチャンと留める。これを何人かで手分けしてやって、同人誌ができるわけです。僕も米澤さんのアパートの部屋で『漫画新批評体系』のコピー誌をコミケに間に合わせるための作業を手伝ったりしましたけど、なんかその徹夜の作業自体がすごい楽しいんですよね。本当に「青春」という感じで、いい思い出です。

そのあと、米澤さんは当時一緒にこの作業をしていた仲間の英子さん（通称「ベルさん」）と結婚したので、まさに「青春」ですね（笑）。英子さんは、米澤さんが亡くなったあとにコミケの運営会社（有限会社コミケット）の社長を継ぐことになりました。

「楽書館」の仲間たちとつくった合作マンガ

「迷宮」よりもっと頻繁に出入りしていたサークルに「楽書館《らくがきかん》」というところがあります。これはのちにマンガ家になる高橋葉介さんとか、高野文子さん、さべあのまさんなどがいたサークルです。

「楽書館」主宰の水野流転《みずのるてん》さんが当時、西武新宿線の野方にある秋元荘に住んでいたので、そこでよく集会がありました。「迷宮」のほうは渋谷駅の「薔薇園《ばらえん》」とか新宿の「カトレア」という喫茶店に集まっていました。「迷宮」の人たちはなぜか時間をぜんぜん守らなくて、昼過ぎに待ち合わせをしても、一時間ごとに一人また一人、ポツポツやってきて、みんなが揃うのは夕方頃（笑）。うるさいグループがコーヒー一杯でずっと居続けるという、喫茶店にしたらかなり迷惑な客だったと思います。

楽書館で、合作でマンガを描いたこともありました。4ページの短い作品で「5001年宇宙の旅」というタイトルです。『猿の惑星』と『2001年宇宙の旅』を混ぜたようなパロディマンガなんですけど（笑）。これは僕の「ネーム原作」で、ネームは描いたけど、絵を入れるところで挫折して、持っていったら流転さんが、

「これ、仕上げられるよ。みんなでやろう」

と言ってくれたんです。それで、流転さんを中心に、高野（文子）さんとか、やって来るみんなに手伝ってもらって、あちこち描き上げてもらった合作マンガです。作品の最後にみんなの名前もローマ字でクレジットしています。ペンネームは「土田義雄」で、これは僕が「つる姫じゃ〜っ！」で有名な土田よしこ先生のファンだったから。僕はネームと、主人公の猿だけ描きました（笑）。この作品は、「ワセダミステリクラブ」の会誌『PHOENIX

（フェニックス）』に掲載され、２０１７年に復刻された『奇想天外［復刻版］アンソロジー』に再録されています。

この作品を手伝ってくれた「楽書館」のメンバーに、末武康光さんがいます。末武さんはのちに大友克洋先生のアシスタントを経て、アニメーターになった方です。大友さんの「ＡＫＩＲＡ」が映画化されたときに、末武さんに「アシスタントから見た大友克洋のすごさ」という視点でインタビューさせてもらいました。

大友克洋さんは、僕が大学に入る前後の時期に、『漫画アクション』で鮮烈なデビューを果たした気鋭のニューウェーブ作家で、マンガマニアの間で大評判になっていました。最初、名前の読み方がわからなくて、どう読むのか意見が分かれていました。僕は大学の

同人誌『楽書館』の第1号。1979年発行。青焼きコピー。イラスト・さべあのま

山口雅也編『奇想天外［復刻版］アンソロジー』。南雲堂。「5001年宇宙の旅」が再録されている

先輩で、ＳＦ雑誌『スターログ』の編集長の中尾（重晴）さんから「オオトモカツヒロ」と読むと聞いていたのですが、あるとき「迷宮」の三人（原田さん、米澤さん、松田さん）と大友さんの話になって、

「オオトモカツヒロ、すごいですよね」

って言ったんです。そうしたら三人が、

「うん、オオトモカツミ、すごいよね」

と返してきたんですよ（笑）。作品掲載のときに、たぶん間違って「オオトモカツミ」というルビが振られていたことでもあったのでしょうか。三人とも自信を持って「オオトモカツミ」と言ってきた。僕も意地になって、

「それで、オオトモカツヒロってさぁ……」

と話を続けたのを覚えています。あとになって僕のほうが正しかったことが判明したわけですが、三人とも何も言ってきませんでした（笑）。

「ワセダミステリクラブ」とアルバイトの日々

僕は大学では「ワセダミステリクラブ（ＷＭＣ）」というサークルに入っていて、そこは

ミステリ、SF、マンガなどについて研究、語り合うサークルでした。

WMCには個性的なクラブ員がたくさんいたんですが、僕は大学にめいっぱい8年まで残っていたサークルの「主《ぬし》」みたいな先輩の秋山協一郎さんと、7年で中退した中尾重晴さんの二人に結構かわいがってもらって、秋山さんには、古本屋に、中尾さんにはロックコンサートに連れて行ってもらったりしました。結局、二人とも、大学を出てから編集者になりました。

WMCの1年上の先輩には、のちに翻訳家になる柿沼瑛子さんもいました。中尾さん、柿沼さん、僕の三人でロックのコンサートに行ったのを覚えています（紅蜥蜴、頭脳警察、安全バンド、四人囃子、カルメン・マキ&OZ……）。卒業後、柿沼さんはゲイ文学の翻訳も手掛けるようになったので、『JUNE』には、何度も原稿を書いてもらいました。

大学時代はWMCと「楽書館」と「迷宮」の3カ所をぐるぐる回って、その合間に映画を見たり、好きだった洋楽のレコードを集めたり、自主上映や海外アニメの珍しい作品の上映会に行ったり、そういう充実したおたくライフを送っていました。

当時は映像はフィルムですから、大会場でやるときもあれば、小さなスナックでやったりすることもあって、そういうのをハシゴしたり。

初期の同人誌はファンクラブの活動からスタートする場合も多くて、とにかく情報がないので、その作家さんの作品リストを作成するのが目的みたいなところがありました。会誌に作品リストと、その作家の未収録作品も勝手に掲載しちゃう（笑）。今だったら、怒られると思うんですけど、作家さんの連絡先もわからなくて、そういうことをしているサークルが結構あったんです。

学生の頃は、そういう趣味にお金がかかるので、アルバイトも目いっぱいやっていました。倉庫整理、ビル清掃、家庭教師、チラシ配り、雑誌のライターなど、何でもやって、食費を削り、お金は全部趣味につぎ込んでいました。仕送りもちゃんともらい続けているっていう……（笑）。本当に充実した学生生活でした。でも、大学も終わりくらいになってくると、さすがに就職活動をしなくちゃいけなくなってきました。

当時、僕は出版社に入りたいと思っていて、募集のあった集英社を一応、受けてみたんですけど、たしか入社希望者が2000人くらいいて、しかも入社試験の問題が結構難しくて、「あ、これは無理だわ」とすぐあきらめました。朝日ソノラマは「サンコミックス」のレーベルでいいマンガや、アニメのソノシートをたくさん出していて、一番入りたい会社だったんですけど、ドキドキしながら電話をかけたら「今年はとりません」とあっさり言われてガッカリしたのを覚えています。

結局、卒論も書かなくて、留年していたところに、のちに『JUNE』の発行元になるサン出版のアルバイトの話がサークルの先輩から舞い込んだ――これが、僕の編集者としての始まりです。

「エロの総合出版社」で編集者になる

WMCの先輩の青山栄さんという人が、当時サン出版で編集者をしていて、あるときに、

「編集のバイトを探している。マンガに詳しいやつ、いないか？」

って、後輩たちに声をかけたんです。僕は、

「出版社でアルバイト、ラッキー！」

と思って、

「はい、はい！」

とすぐに手を挙げて、編集のお手伝いをすることになりました。

当時サン出版は、『劇画ジャンプ』という石原豪人《いしはらごうじん》先生が表紙イラストを手掛けている官能劇画誌を出していて、僕はそこのアルバイトとして入りました。

編集長が青山さんで、部下が辞めていなくなり、ほかの部署と掛け持ちの女性のバイトが一人いるだけのときに入ったので、バイトでも編集実務のほとんど全部をやらされるって

いう乱暴な会社でした（笑）。

結局、僕はバイトからそのままサン出版に正社員として入社させてもらうことになります。念願の出版社に入れた、というか就職でき、『JUNE』までつくることができたのですから、あのときの判断は大正解だったなと今でも思います。

ちなみに、なぜ『劇画ジャンプ』という誌名なのかというと、実は『少年ジャンプ』の「ジャンプ」なんです（笑）。『少年ジャンプ』（1968年創刊）は出たときはまだマイナーな雑誌で、『少年マガジン』や『少年サンデー』『少年キング』に比べて出遅れた、後発の雑誌でした。最初はいろいろと手探りで、永井豪先生の「ハレンチ学園」と本宮ひろ志先生の「男一匹ガキ大将」の二本柱が確立するまで、他誌に後れをとっていました。

ところが、当時のサン出版の宮坂信社長は目端《めはし》が利くというか、「ジャンプ」というタイトルが良いというので、

「頭に『劇画』とつければ大丈夫」

と「劇画ジャンプ」という名前をいちはやく商標登録していたんですよ。雑誌の内容が決まってもいないのに、商標だけとるという（笑）。ついでに「劇画チャンピオン」という名前も登録していたそうです（結局、使いませんでしたが）。

ただ、社長のえらかった（？）ところは「単にタイトルがいいからいただこう」という

だけで、雑誌の中身を真似する気は、さらさらなかったことですね。僕なんかは、『少年ジャンプ』の隣に置かれて間違って買われるぐらいがいいんじゃないかって思ったんですけど（笑）。

ちなみに、誌名には「ン」が入っているのがいいという説を社長から聞きました。なるほど、『サンデー』『マガジン』『キング』……『チャンピオン』なんて二つも!!

サン出版というのは「エロの総合出版社」と言えるくらい官能系の雑誌で一世を風靡《ふうび》した会社でした。ＳＭ雑誌の『Ｓ＆Ｍコレクター』、実話雑誌の『実話マンスリー』や各種グラフ誌、そしてゲイ雑誌（当時は「ホモ雑誌」と呼ばれていました）の『さぶ』なんかも出していました。『さぶ』（１９７４年創刊）は、『薔薇族』（第二書房、１９７１年創刊）、『アドン』（砦

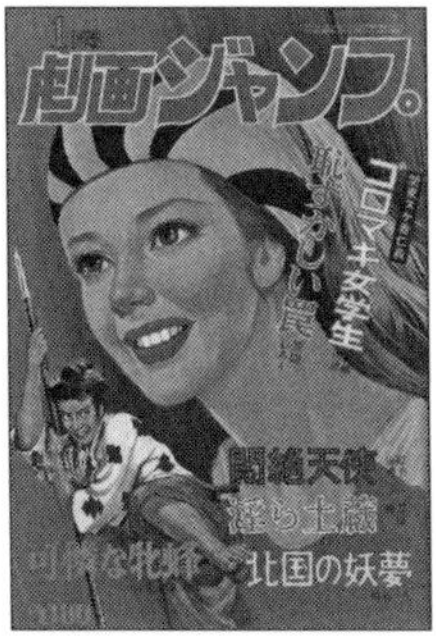

『劇画ジャンプ』1976年1月号。表紙絵は江戸川乱歩シリーズの挿絵などでも知られる石原豪人（林月光）。創刊は1973年

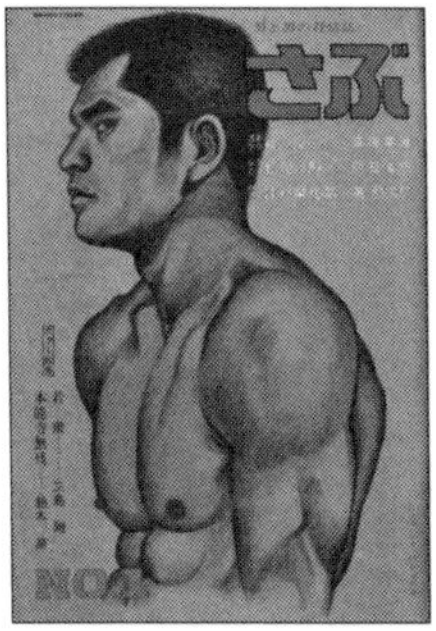

1974年11月創刊のゲイ雑誌『さぶ』。キャッチコピーは「男と男の抒情誌」だった。イラスト・三島剛

出版、1974年創刊）と並ぶ、日本最古参のゲイ雑誌の一つです。

サン出版は当時右肩上がりで、どんどん広げていこうとしている最中でした。『劇画ジャンプ』以外でも『劇画悦楽号』『エロトコミック』など、劇画誌も各々10万部以上売れていましたし、グラフ誌、SM雑誌、小説誌、サン出版で出している雑誌はどれも当たって、イケイケの状態でした。それで、

「どんどん企画を出せ！　アルバイトも企画を出せ！」

と言われて、僕も企画を出すことに。

サン出版というのは、基本は官能系の出版社なので、『JUNE』は最初「女性向けのエロ雑誌」という名目にしたんですよね。女性向けの官能雑誌というのはねらい目で、これは大手がやらないだろう、マイナー出版社じゃないとできないだろうということで。僕はそれをベースにして自分の好きなこともやってみようと思っていました。

このとき僕の念頭にあったのは、マニア雑誌の『COM』と『ガロ』、高校時代から読んでいた「24年組」の少女マンガ、そしてコミケなどで親しんでいた同人作家たちの活動でした。

コミケ界隈でも女性の間で「男の子同士」というのが流行っている、という状況は見ていましたし、出入りしていた同人サークルの人たちは必ずしもBL系ではなかったけれど、

マンガを描ける人たちはたくさんいたので、

「コミケの同人に声をかければ、きっと描いてくれるだろう」

と楽観的に考えていました。当時の僕には、

「もしプロ作家に断られても、アマチュアでもいけるだろう」

という自信があったんですよね。「24年組」の少女マンガとアマチュア同人作家、このあたりが『JUNE』の発想の大きな源になっています。

それで「女性向けのエロ雑誌」という体裁で会社に企画書を出したんです。たしか最初は「デミアン」という仮題にしていたと思います。これはドイツの作家ヘルマン・ヘッセの小説『デミアン：エーミール・シンクレールの少年時代の物語』に出てくる美少年の名前からとったものです。最終的には『Comic JUN』という誌名になりました（第3号から『JUNE』に改題しますが、この経緯についてはのちほど）。

『JUN』という名前は、石ノ森章太郎先生が『COM』に連載していた実験マンガ「章太郎のファンタジーワールド ジュン」が好きだった（セリフがほとんどなくて、幻想的な心象風景の描写で展開していく実験的ファンタジーで、少女マンガへの影響も強く伺える作品です）のと、「純粋」の「純」とか潤いの「潤」とか、語呂合わせがいっぱいできるというところが気に入っていました。

しかも、男の名前と女の名前どちらにもとれる。「女性的な男性」「男性的な女性」みたいに、両性のいいとこどりができる響きもあっていいなと。

でも、この企画は最初は落ちたんですよ。「24年組」だ、「コミケ」だなどと言っても、会社の上の人はまったくわからないので、

「なんで女の子が男同士のホモ（ゲイ）マンガを見るんだ？」

と言われてしまって。

サン出版は当時、ゲイ雑誌の『さぶ』を出していましたが、僕の企画はそれとも文脈がぜんぜん違っていましたし、その頃はBLなんて便利な言葉もなかったから、理解されないのは当たり前でした。

日本初のアニメ雑誌『OUT』と『JUNE』の関係

当時『さぶ』の編集長をしていたのは櫻木徹郎さんです。櫻木さんは、もともと荒戸源次郎さんのアングラ劇団「天象《てんしょう》儀館《ぎかん》」に在籍していた人で、サブカルチャーにも詳しい敏腕編集者でした。当時は「櫻木編集室」という事務所を社外でやっていて、サン出版の社員ではありませんでしたが、編集を請け負う形で『さぶ』や『劇画悦楽号』とい

う劇画誌などをつくっていました（のちに、サン出版に「櫻木編集室」が吸収されて一緒になります）。

サン出版は、社長自体がSM雑誌のパイオニアとしてその筋では有名な人でしたし、櫻木さんも『さぶ』をやっていたから当時のゲイカルチャーについても、ある程度わかっていました。だからみんな、マニアックな、サブカル的なものについては詳しいのですけど、少女マンガとかコミケといった（当時の）新しいカルチャーについてはぜんぜん知らなかったので「面白そうだけど、ちょっとね……」という感じで最初は企画が通らなかったんです。

でも、そのあとの僕はしつこかった（笑）。世間的にも、だんだんとシーンが盛り上がってきて、「風と木の詩」の連載が評判になった竹宮先生のインタビューが新聞に載るようになったりしたんです。僕はその記事をコピーして社長や櫻木さんの机の上に置いて、「今、盛り上がっていますよ〜」とアピールしていました。

そういう地道な社内根回し（？）を続けて、半年たったくらいでしょうか、企画をもう一度出し直しました。そうしたら、今度は社長が、

「じゃあ、櫻木くんが面倒を見るならやっていいよ」

「櫻木くんは『さぶ』もやっているし、『JUN』みたいな変なのもやれるだろう」

と言ったんです。

ようやく会社のGOサインが出ました。こうして、櫻木編集長の下で僕が動く、という形で『Comic JUN』の企画が走り出すことになります。

これには、新しいもの、珍しいものが好きな櫻木さんの後押しも影響していたわけで、ありがたい限りだったのですが、社長がこの企画にGOを出したのには、ほかにも理由がありました。それは、みのり書房の雑誌『OUT（アウト）』の存在です。

みのり書房は当時、サン出版と同じような雑誌出版社でした。それが1977年に『OUT』というサブカル雑誌をつくったんです。これが日本初のアニメ雑誌になるのですが、徳間書店の『アニメージュ』（1978年創刊）よりも早かった。この雑誌がものすごく好調だったんですよね。

社長は負けず嫌いなところがあって、同業他社でサブカル・アニメ誌をやって売れているなら、サン出版でもサブカル雑誌をやってやろうじゃないか、「みのり書房にできて、うちにできないわけはない」と考えたようです。

だから、創刊当初の『JUNE』の仮想敵というか、ライバルにしていたのは『OUT』なんですよ。雑誌をつくり始めるときに、社長が『OUT』を持ってきて、

「こういうふうにしろ」

と言ったので、ビックリしました。

それで『JUNE』の判型（B5判）は『OUT』と同じに。カラーページがあったり、2色刷りのページがあったりというのも、『OUT』の構成を見本にしたからです。

あとから知ったのですが、みのり書房というのは、親会社が紙の会社（朝日紙業株式会社）なんですよね。余った紙をムダにしないために雑誌を出した、というのが始まりだったようです。最初期の『OUT』は活字中心のサブカル雑誌みたいな感じで、金田一耕助の特集とかいろいろやって、3号目の『宇宙戦艦ヤマト』の特集がすごく売れたので、アニメに舵を切ってアニメ雑誌になった。

困ったのは、判型はいいとして、ページ数を「『OUT』と同じようにしろ」と言うん

『OUT』の「宇宙戦艦ヤマト特集」。1977年6月号。当初はB5判より横幅が少し短い変形判だった

『OUT』1978年4月号。判型が変わりB5正寸になった。

ですよね（笑）。出版社で本や雑誌をつくるときに、書籍の厚さや重さを量るために、最初につくる白紙の見本冊子を「束見本《つかみほん》」と言うのですが、『JUNE』の場合は『OUT』が束見本でした。

こんなふうに、最初に束見本ができていて、ページ数が160ページ前後と決まってしまいました。当時は、マンガのページがほとんどとれないのを残念に思ったものです。『OUT』はアニメ情報誌だから、マンガ誌よりも全体のページ数が少なかったんです。僕は『Comic JUN』はマンガ誌なので、もっと分厚く、読みごたえのある作品を載せられるだろうと予定していたけれど、仕方ないので「短編マンガや情報欄で勝負する」という方向にしました。『JUNE』が変《ユニーク》になったのはそのためです。

『アニメージュ』編集部にも出入りする

『JUNE』の「束見本」になったのはみのり書房の『OUT』ですが、この『OUT』の好調に追随して徳間書店から創刊されたのが『アニメージュ』でした。

『JUNE』の企画を提出し、編集部員として働き出したといっても、その頃は僕もまだサン出版のアルバイトだったので、実は掛け持ちで『アニメージュ』のバイトもしていた時期があります。昼間はサン出版でアルバイトして、夜は徳間書店の『アニメージュ』編集部でバイトする、という日々です（実際は、正社員になってからもずっと手伝っていたのですが、これは秘密の話です・笑）。夜に『アニメージュ』の編集部に行くと、のちにスタジオジブリに移る鈴木敏夫さんを中心に何人も仕事をしていました。

『アニメージュ』では、ライターとインタビュアー、それから読者投稿のパロディページの担当をしていました。今でも覚えているのは、その頃『アニメージュ』編集部にいたYさんに頼まれて、一緒に宮﨑駿監督と高畑勲監督のインタビューに伺ったときのことです。その頃、僕は『未来少年コナン』とかはもちろん見ていましたけど、あのお二人がそんなにすごい人だというのは知らなくて、

「はい、わかりました〜」

と気軽に引き受けたんですよね。まだスタジオジブリ創設の前で、『風の谷のナウシカ』の制作中の時期でした。

それで何の覚悟もなくインタビューに出かけたら、アニメ制作の修羅場でお二人とも気が立っていて、途中で突然「なんでこんなインタビューが必要なんだ！」とおっしゃるんですよ（笑）。インタビューなんか受けている暇はないんだと。

鈴木敏夫さんがよくお話しされているエピソードで、最初に高畑監督にインタビューを

申し込んだときに「なぜインタビューを受けられないのか」という理由を何時間も説明された、というすごい話がありますが、その感じがちょっとわかりました。僕のときはさすがに『ナウシカ』の宣伝のためだとはわかってくれているので、しぶしぶ答えて下さいましたけど（笑）。

そう言えば、宮崎監督はこのインタビューよりも前に、「アニドウ（東京アニメーション同好会）」の海外アニメの自主上映会でお会いしたことがありました。当時、海外アニメはなかなかテレビ放送もされないし、劇場でも上映されなかったんですよね。だから、マニアだけではなく、アニメーターの方々も、海外アニメが見られる貴重な機会だということで、そういう自主上映会によく足を運んでいたんです。

『アニメージュ』創刊号、1978年7月号。創刊号の表紙は『さらば宇宙戦艦ヤマト』で、創刊編集長は尾形英夫。のちに鈴木敏夫が編集長を務める

ジム・ヘンソン、フランク・オズ監督『ダーククリスタル』劇場版ポスター。1982年

そのときに観たのは『セサミストリート』のジム・ヘンソンによる『ダーククリスタル』という人形を使ったファンタジー・アニメだったのですが、上映が終わって、何人かで感想を言ったりしながらだらだらと歩いて帰っているときに、宮崎監督が、

「映画の最後、光って終わるのは安易だよね」

とおっしゃったんです。たしか聖なる光みたいなもので邪《よこしま》なものが浄化される、というラストだったんですよね。そういう、光らせて浄化して終えるっていうのは、パターンでよくないという意味だったと思うのですが、のちになって『風の谷のナウシカ』が上映されると、ラストシーンでナウシカが、光り輝く「金色の野」の上を歩いて、光で浄化されて終わっていた——という笑い話です。

もっとも、この終わり方は監督自身もちょっと不本意だったらしく、どこかのインタビューで「あれしか思い付かなかった」と反省されていたのを読んだことがあります。

「今、危険な愛にめざめて——」はラブホのコピーだった

話を『JUNE』創刊に戻しましょう。こういうふうに『JUNE』の創刊前夜の頃というのは、みのり書房で『OUT』が創刊され、徳間書店で『アニメージュ』が創刊され、

コミックマーケットも回を重ねるごとにどんどん規模が大きくなっていく、という「おたく文化」の黎明期《れいめいき》とも重なっていました。

それまで「子どもだまし」だと思われていたマンガやアニメを、大人になっても楽しむ人たちが増えてきて、マンガやアニメのほうでも、それまでの子ども向けの「お約束事」を抜け出し、さまざまな表現を模索し始めていた時代です。

サン出版の宮坂社長というのはとても面白い人で、『SMセレクト』(東京三世社)『S&Mコレクター』(サン出版)など、数々のSM誌、実話誌を手掛けた怪人物なのですが、パクりがめちゃくちゃうまいんですよ。

『劇画ジャンプ』の名前などもそうですけど、SM雑誌のほうも、外国の雑誌のレイアウトを見本にしたりして、おしゃれに見せていました。

戦後のごたごたした時代に出版界に入って、アメリカ進駐軍が残していった古本の洋雑誌を神保町の古書店で見て、そのヴィジュアルに驚いた。日本の雑誌のデザインはやぼったいというので、洋雑誌をネタ元にして、官能風俗雑誌のヴィジュアルを大きく変えた人です。東京三世社という会社で実話雑誌、SM雑誌を手掛けたあと、何人かを引き連れて独立してつくったのがサン出版です。

それまでマニアしか読まなかったものを、一般の人にも面白いようにうまく加工して紹介する。海外のものを加工して、より良くする、ちょっと日本文化の伝統に連なるような部分があるんですよね。パクりというのは失礼で、加工貿易、あるいは換骨奪胎《かんこつだったい》というのがふさわしいかもしれません。

「男の子同士の愛」を表現した『JUNE』のキャッチコピー「今、危険な愛にめざめて——」というのも、社長がつけたものです。あとで教えてくれたんですが、あれはラブホテルの看板のキャッチコピーだそうなんですよ（笑）。電車の中からたまたま見えたという。文面がラブホテルのキャッチコピーそのままだったかどうかは、もはやわからないのですが、創刊準備中のある日突然、

「これでいこう」

って社長が持ってきて。

実は、そのときに「いや、ぜんぜん危険じゃないんだけどな……」と僕が思ったのは内緒の話です。『JUNE』に掲載されているのはあくまで「男の子同士」の恋愛で、しかも一種の「ファンタジー」なので、読者の女の子にとっては距離を持って安全に楽しめるもののはずなんです。だから、最初はピンとこなかったんですけど、ほかに良い代案もなく、使っていたら、これが読者には、今で言う「刺さった」ようなのでした。

「『危険な愛にめざめて』っていうのでドキドキしました！」

という感想がとても多かったんですよ。

「書店で買うときに、すごい恥ずかしかったです」

とか。書店の人は、お客さんがレジに持ってきた雑誌の小さいキャッチコピーなんて、いちいち見ていないと思うんですけどね。

『JUNE』の表紙に描かれてある美少年の絵は、（当時の感覚では）普通に見たら少女マンガの女の子の絵にも見えるし、そんなに心配することはないと思うんですけど、買うほうはドキドキしちゃって。男の子がエロ本を買うのと同じで、「ほかの本の下に隠して買っていた」という方々までいらっしゃいました（笑）。

つまり、あのキャッチコピーは読者的には「大正解！」だったわけで、改めて社長のセンスの良さに感心しました。

構成は『OUT』から、キャッチコピーはラブホテルから。でも、できた雑誌はほかにはないユニークなものになりましたね。

1978年に、こうしてできたのが、『Comic JUN』の創刊号（10月号、隔月刊）です。その後、第3号から誌名を『JUNE』に改めて、1995年まで続きました。

実を言えば、第3号から名前が『JUNE』に変わったのは、当時、有名だったアパレルメーカーの「ＪＵＮ」からクレームがあったからなんですよ。

僕も最初「ＪＵＮ」という誌名に決まったときに、そのあたりの心配はあって、

「大丈夫ですか？」

と社長に訊いたんです。でも、社長は、

「いや頭に『コミック』ってつけてるから」

と言っていました。

『劇画』がついてるから『ジャンプ』でも大丈夫」

と同じですね（実際、『劇画ジャンプ』は集英社からクレームは来なかったのです。その前に、小学館の『少年サンデー』創刊と同じ年に、実業之日本社から『漫画サンデー』が創刊された、という例もありましたし）。

僕も先方はあくまでファッションブランドだし、コミック誌なら大丈夫だろうと考えていたのですが、創刊後にやっぱり会社にクレームが来て、ぜんぜん大丈夫じゃなかった（笑）。

それで急遽《きゅうきょ》、途中から誌名を変えることになりました。

誌名を変えるにあたって、

「『Ｅ』をつけて『ジュネ』にすればいい」

と、あっさり言ったのも社長です。

実は、『さぶ』を創刊したときのタイトル候補の一つが「ジュネ」で、櫻木さんから聞いたところでは、有名なフランスの作家（でゲイでもある）ジャン・ジュネからの着想ということでした。『泥棒日記』『花のノートルダム』などの名作を書いた作家さんです。もしかしたら、それが社長の頭に残っていたのかもしれません。

でも、あっちのスペルは「JEAN GENET」ですから、「JUN」に「E」を足したのとはぜんぜん違います。「JUNE」というスペルはどう見ても「ジューン（6月）」と読むはずで、無理やりローマ字読みで「ジュネ」と読ませているんです。のちに読者の間で6月に「ジュネ祭」みたいなイベントをしてくれるようにもなったので、結果的には良かったんですけどね。「英語の授業で間違えました」というお手紙もありましたけど（笑）。すみません。

ただ、創刊号のときにやっていた「純文学」をもじって「JUN文学」というシャレができなくなったのは、ちょっと残念でした。「JUN文学リスト」などと言って、中島梓（栗本薫）さんが読者必読の文学作品を「西洋篇」「日本篇」に分けて紹介するというコーナー（もちろんその中には、ジャン・ジュネやヘルマン・ヘッセ、三島由紀夫なんかが入っているのでした）をつくっていたりしたので。

というわけで、改題号（第3号）のときは、もう印刷所に入れていた版下も取り戻して、みんなで本文の中の「ＪＵＮ」のところを大急ぎで切り張りして全部直しました。それで、読者投稿欄などところどころ元のままの「ＪＵＮ」という言葉が残っていたり、曲がったりしています。あのときは大変でした。

第 2 章

美少年は自由にする

『JUNE』始動！

竹宮惠子先生に大胆にも依頼する

『Comic JUN』の創刊号の表紙を飾ってくれたのは、竹宮惠子先生の描き下ろしイラストです。竹宮先生はのちに『変奏曲』の単行本の中に収録されることになる短編作品（「VARIATION 変奏曲外伝」）も寄稿して下さいました。

まつざきあけみ先生も創刊号に短編マンガを寄せてくれました。カラーページでは木原敏江先生、大島弓子先生、青池保子先生（折り込み巻頭ポスター）にイラストを描き下ろしていただき、「少年愛」のマニフェスト的な評論として中島梓さんの「少年派宣言」というコラム（のちに単行本『美少年学入門』に収録）も掲載されています。今思い返しても、皆さんこんなマイナー出版社の依頼をよく引き受けて下さったものだと思います。

竹宮先生には、たしか誰の紹介もなしで、直接依頼しました。それまで普通に一読者で、先生とは面識はありませんでした。

どうやって連絡先を知ったのか、もうよく覚えていないのですが、もしかしたら同人誌のマンガ関係者経由だったのかもしれません。さすがにコミックスのカバーの袖に作家の住所は載せていない時代だったはずですから。

今から考えるとすごいことですが、石ノ森章太郎先生の虫コミックス（虫プロ商事が出していたコミックス）には、カバーの裏に駅から石ノ森先生の自宅までの地図が載っていたんですよね（笑）。ファンレターの送付先も直接本人の自宅が普通でした。

でも、昔のファンはわりと常識があったというか、住所が知られていても、あまり迷惑な事態は起きなかったみたいです。地方の人は、東京に行くだけでもハードルが高いという時代でしたしね。

ただ、さすがに石ノ森先生ともなると、ファンがたくさん来るので大変だったみたいです。石ノ森先生は、訪ねてきたファンの色紙にサインしたりしていたのですが、ときには（当時アシスタントを務めていた）永井豪さんが偽物の色紙を描いたそうです。今となっては逆に貴重かもしれませんね（笑）。

話を戻すと、竹宮先生には、お電話をしてアポをとって、ご自宅にお伺いして表紙絵をお願いしました。「できれば表紙以外もお願いしたいのですが……」というふうに依頼したと思います

サン出版は雑誌メインの会社なので、「表紙で売り上げがぜんぜん違うから」という理

由で、本文の原稿料はあまり出せないのに、表紙の予算だけは潤沢だったんです。劇画誌でも官能雑誌でも、表紙は一流のイラストレーターを使っていました。

竹宮先生はカラーイラストにも力を入れていたので、創刊号から表紙になるというのは、結構魅力的な話だったのかもしれません。先生がのちに話していたのは、「少女マンガ誌では女の子の表紙は描かせてもらえるけど、男の子のはなかなか描かせてもらえないし」ということでした。

ともあれ、表紙絵の依頼はOKして下さり、創刊号では短編マンガや小説のイラストまで引き受けていただけました。その後、ずっと長期にわたって『JUNE』の表紙絵を描いて下さったのには、感謝するほかありません。

ところが、依頼を引き受けてもらってホッとしたのも束の間、最初の仕事でいきなり難問に遭遇してしまいました。竹宮先生からいただいた絵を見て、デザイナーの秋山道男さんが、イラストを逆版（左右反転）にしたいと言い出したんです。

秋山さんは、櫻木編集長の天象儀館時代からの仲間で、役者で、のちにチェッカーズや小泉今日子さんのプロデュース（写真集『小泉記念鑑』など）でも知られることになる、ユニークなデザイナーです。自称は「スーパーエディター」（笑）。

秋山さんには、櫻木さんが依頼して『JUNE』のデザインを引き受けてもらったんですが、「伊集院彩（翠）」というそれっぽい、中性的な香りのする変名でクレジットされています。

その秋山さんが、「表紙を右肩上がりにしたい」というデザイン上の理由で、竹宮先生の絵を左右逆版にしたいと言い出したのです。文字のレイアウトも全部右肩上がりにするからと。でも、竹宮先生には自由に描いてもらっていたので、いただいたイラストの構図は、たまたま右肩下がりだったんです。

これには慌てました。普通、マンガ家の方は左右反転するとデッサンの狂いが目立つことになるので、逆版は嫌がるものなんですよ。僕は最初「えええっ！　そんなこととても言えない！」と焦りましたが、デザイナーの意向も大事なので、恐る恐る竹宮先生に訊いてみたら、

「別にいいですよ」

と、あっさりＯＫをいただけたんです。

1978年10月の『Comic JUN』創刊号。文字も表紙イラストも右肩上がりになるように、原画は逆版にされている

これにはすごく拍子抜けしたのですが、反転してみて、その理由がわかりました。なんと、反転して見てもデッサンが狂っていないんですよね。実際、創刊号が出ても、表紙イラストが、反転しているなんて誰にも気づかれませんでした。イラストの少年は鏡に映っていて、本当は左肩だけど、右肩下がり……なんだかややこしいですけど（笑）。

表紙イラストのエピソードとして、電車の中吊り広告の話があります。力を入れてくれた営業が、表紙イラストを使って、２回だけ都内の電車の一部に中吊り広告を出してくれたのですが、そのときに、「電車の中で乳首はダメ」ということで、イラストの乳首は修正されたのだそうです。

「男の乳首なのに？」

と不思議に思ったのですが、公共交通機関には通じなかったようです（笑）。

1979年2月の『JUNE』改題号。「JUN」からの抗議に対応するために、誌名に「E（e）」を付け加えて急遽改題された

乳首がどんなふうに消されていたのかは、残念ながら見ていません。

物語の始まり、その伏線

お話ししたように、依頼に伺うまで、僕は竹宮先生とお会いしたことはなかったのですが、実はずっと前にその「伏線」はあったんです。

僕が大学生だった頃、竹宮先生は西武新宿線の下井草のマンションに住んでいらして、偶然にも僕はその近所の文房具店でアルバイトをしていたんです。今はもうないのですが、駅前の「光陽《こうよう》」というお店です。

当時コピー機はとても高級な珍しい代物だったので、お客さんが自分でコピーをとるのではなく、店員が原稿を預かってコピーするというやり方でした。

あるとき、光陽に女の人がやってきて、

「これをコピーして下さい」

と言って渡されたのが、なんと「風と木の詩」のネームというか、下描きだったんです。渡されたラフな鉛筆画で「風と木の詩」とわかったので仰天したのですが、当時竹宮先生の顔写真は『少女コミック』などの雑誌に掲載されたことがあったので、この女性が竹宮先生本人じゃないことはすぐにわかりました。

そこで僕は、

「アシスタントの方ですか？」

と訊いてみました。そうしたらその人は、ちょっと考えてから、

「……友人です」

と答えたんです。

それが増山法恵さん。竹宮先生のプロデューサー兼ブレーン、原作者、評論家、のちには小説家としても活躍される方です。

編集者になる前に偶然増山さんと出会ったことがある、というのが個人的な伏線なので、『JUNE』の表紙を竹宮先生に依頼しようというときに、「もう絶対に引き受けてくださるだろう」という根拠のない自信を持っていました。

「あそこから『JUNE』の物語は始まった」

「だって、僕が『風と木の詩』のコピーをしたんだから」（笑）

と、自分に都合よく解釈するようにして、思い切って依頼してみたら、先生は本当に引き受けて下さったんですよね。

あのとき、ラフを見て「風と木の詩」だと一瞬で見破った自分をほめてあげたい。

依頼を引き受けてくれたのは、タイミングも良かったみたいです。『JUNE』の創刊の2年前（1976年）から、すでに「風と木の詩」の連載は始まっていましたが、当時としては内容が過激だったので、賛否両論の渦中にありました。

ちょうどそんな時期に、「美少年」をコンセプトにした新雑誌をつくるというので、エロがメインの出版社だけど、「どうやら依頼してきた編集者は少女マンガに詳しいらしいし、自分の作品を援護射撃してくれる、応援してくれる雑誌になるんじゃないか」という直感があったと、のちに竹宮先生がおっしゃっています。

当時は（今も？）大手出版社のメジャーなマンガ誌で描いている人がエロ系の出版社に描くということは、基本的にはありえないことでした。それなのにお引き受けいただけたのは、本当にすごくありがたいことでした。

サン出版がゲイ雑誌の『さぶ』を出していたというのも、強味だったのかもしれません。竹宮先生は、当時『薔薇族』はご存知だったみたいですが、『さぶ』は読んでいなかったそうです。『薔薇族』は洋風でおしゃれなところのある雑誌でしたが、『さぶ』は完全に和風の「お祭り野郎」「ふんどし」「角刈り」みたいな傾向の雑誌でしたからね。でも、サン出版がゲイ雑誌を出している出版社だというのも、プラスのポイントだったのかもしれません。

同人・投稿文化がつくったメディア

そんなわけで船出した『JUNE』ですが、当時はマンガやアニメだけではなく、とにかくあらゆる分野において情報が足りなかったので、「男同士」ということに関して、読者の女の子が求めそうなものを何でも取り上げるようにしました。

前にも言ったように、男性がメイクをして歌う「グラム・ロック」が流行っていて、デヴィッド・ボウイやJAPAN（イギリスのロックバンド）、クイーンなどが盛り上がっていたので、そういう音楽情報も頻繁に取り上げましたし、ルキノ・ヴィスコンティ監督の『ヴェニスに死す』のような映画（老作曲家がヴェニスで美少年タジオに出会って……というお話です）についてもよく取り上げました。だから、『JUNE』はマンガ専門誌というより、「美少年／美青年にまつわる総合情報誌」みたいなものだったんです。

こういう情報誌みたいな構成になったのは、「必要に迫られて」という側面が強かったと思います。マンガ家さんに作品を頼むといっても、マイナーな官能系の出版社なので、大御所クラスの方にはなかなか描いてはもらえません。しかも、それ以前に払える原稿料にも限りがある。そういう問題があって、マンガで全部のページを埋めるのは難しかったんですよね。そもそも、雑誌自体の総ページ数が少ない。

そこで文字のコラムや情報のページを増やすという作戦をとりました。細かいコラムの文章は自分で書けばタダですみますし。

今にして思えば、結果的にそれが「マンガ雑誌なのか、サブカル情報誌なのかよくわからない」という『JUNE』の特徴になったと思います。『JUNE』はコミック雑誌のはずなのに、ずいぶん文字のページも多くて、グラビアや映画、ロックの情報だけではなく、中島梓さんの「少年派宣言」「美少年学入門」のような評論文まで載せています。

これには『COM』の影響もあります。『COM』も単なるマンガ専門誌ではなくて、評論やインタビューなど、文字のページが充実した雑誌でした。青林堂の『ガロ』も評論などを載せていましたが、僕には少し敷居が高かった。『ガロ』は少し年上のお兄さんが読む雑誌という感じだったんです。だから、やっぱり『COM』の影響が一番強いと思います。

読者投稿にも力を入れました。コミケを見ていても感じたことですが、読者の熱量ってすごいんですよね。『COM』は同人誌出身作家の作品も載せていましたし、これも活かさない手はないと思いました。『JUNE』が見本にした『OUT』も投稿に力を入れていましたし、パルコ出版の出していた『ビックリハウス』という雑誌もあって、これも投稿文化の流れをつくっていたものでした。

この頃、素人の投稿でラジオのコーナーをつくるというのも、流行り始めていました。ラジオから雑誌から、投稿で素人をうまく使う、「なまじのプロの人よりも、素人の一発ギャグのほうが面白い」という風潮があったんです。

投稿も、最初はなるべく上手なのを載せようと思っていたんですけど、毎回うまい絵ばかりは来ないし、ボツが多いのもモッタイナイと思って、「画力に不自由な人」の絵も「ヒワイ画コンテスト」と名付けたコーナーで、積極的に載せるようにしました（笑）。むしろ妙な面白味が出ました。

『ＪＵＮＥ』の特徴は「読者との共犯関係」と言えると思うんですけど、編集や作家と、読者との距離が非常に近い雑誌でした。当時は、少女マンガの中でも「男同士」というのはまだまだマイナーなジャンルでしたし、お互いに仲間意識を持つ人同士、同志ということで、読者コミュニティの結び付きが強かったんですよね。

「ケーコタンのお絵描き教室」から生まれた作家たち

竹宮先生のマンガ講座である「ケーコタンのお絵描き教室」という連載（１９８２年から

（右上）：『JUNE』の情報ページ。デヴィッド・ボウイやDEVOなどのロックミュージシャンの情報や映画情報などが多数掲載されている（左上）：読者投稿の「ヒワイ画コンテスト」。うまい絵はもちろんのこと、多少技術が追い付いていなくても、熱量があれば掲載された（右下）：『JUNE』の読者投稿ページ。読者が「少年愛」などについて熱く語り合う広場のような活気があった（左下）：パルコ出版の『ビックリハウス』創刊号。1975年。70年代後半から80年代に至る「素人投稿文化」の礎を築いた雑誌で、投稿者は「ハウサー」と呼ばれていた

連載）を企画しました。連載作品を描いてもらうのは無理ですが、ページ数の短い（2ページ）お絵描き教室だったら、やってくれるのではないかと（ちなみに、「ケーコタン」というのは竹宮先生の愛称です。増山法恵さんは「ノンタン」）。

最初は唇の描き方とか、身体の描き方とかの指南をする連載でしたが、途中（1985年）から読者投稿が集まってきて、竹宮先生が投稿作品を見てアドバイスしてくれる「実技添削指導編」になりました。これは『COM』のマンガ読者投稿のコーナー「ぐら・こん（グランド・コンパニオン）」などに倣《なら》ったものです。

先にお話ししたように、『JUNE』は大手のマンガ雑誌と違って予算も少ないし、外部の原稿料が高い作家さんにほとんど頼めないという、マイナー出版社ならではのお家事情があったので、自前で新人作家を育てるのが急務でした。新人なら、オリジナリティもあって新鮮だし、原稿料も安くすむ。それでマンガの投稿者を増やしたかったというわけです。

そうしたら、やはり質の高い投稿者の常連が生まれてくるものなのですね。ほかのマンガ賞と違って賞金を出していないにもかかわらず、竹宮先生からアドバイスをいただけるというだけでも、投稿の大きなモチベーションになったようです。

当時高校生だった西炯子さんは、このお絵描き教室出身です。投稿作が一作ごとに良くなっていって、『JUNE』でマンガ家デビューしました。一度、西さんも含めたお絵描き教室の投稿者三人を竹宮先生のところに連れて行って、座談会をやったこともあります。西さんは小学館にも投稿していて、本格的にデビューすることになりました。小学館の名物編集者で、「24年組」を育てたと言われる山本順也さんがとても融通の利く人で、『JUNE』出身の若手作家を小学館の雑誌で起用したりしてくれました。

「ケーコタンのお絵描き教室」は、結果的に、のちに竹宮先生が京都精華大学で学生を教えるとき役に立ったかもしれない、と思います。竹宮先生は人にものを教えるのが本当に上手なんですよね。

「ケーコタンのお絵描き教室」連載第1回（1982年1月号）。テーマは「くちびるバリエーション」。さまざまな唇の描き方を、具体例を挙げながら教えている。タイトル下の作品例を選んだのは佐川。一応、目伏せになっている

たしかその頃は、アシスタントさんにも「ずっといたらアシスタントのままになっちゃうので、プロになりたい人は2年くらいでやめましょう」というふうに期間を設けていたと思います。ゼロに近い状態から教えて、2年でちゃん

とプロとして通用できるようにする、という。

竹宮先生のアシスタントからは、村田順子さんや原のり子さんなど、たくさんのプロが輩出しています。また、「お絵描き教室」の投稿者の中からも西炯子さんや杉本亜未さん、羅川真里茂さん、津田雅美さんのようにプロのマンガ家になった人がたくさんいます。

「ケーコタンのお絵描き教室」で西炯子さんの初投稿作品が「実践添削指導」されている回（1985年3月号）

『JUNE』を支えた「スモール・サークル・オブ・フレンズ」

『JUNE』は読者に育てられると同時に、読者を育てていく雑誌でした。投稿に力を入れていたのもそうですが、最初の頃は投稿者のレベルを上げたくて、ちょっと「サクラ」を使ってみたこともありました。

たとえば、初期の『JUNE』の投稿コーナーのイラストには、やけにうまい絵が混じっていたりもするのですが、それは当時知り合いだったマンガ家、猫十字社さんや高口里純さんなどに、刺激のために描いてもらった「サクラ」の絵なんですよね。投稿コーナーに上手い絵を時折混ぜることで、「自分もこれくらい描いてみよう」という読者の後押しになるのではないかと考えていました。

創刊号のあたりは、執筆者も実は知り合いのメンバーが混じっています。すでにお話ししたように、竹宮先生や大島先生、木原先生や青池先生、まつざきあけみ先生に寄稿をお願いできたと言っても、やっぱりカラーイラストを描いていただくだけでも大変で、長いマンガなんかとてもじゃないけれど頼めない。

でも、これは企画をしていた当時から予想していたことでもあったので、当初から「同人誌や漫研の人たちに協力してもらおう」と考えていました。

たとえば、『JUNE』のブレーン的な存在だった中島梓さんとは『JUNE』の創刊よりも前からの知り合いでした。また、初期の執筆者になぜかいしいひさいち先生が入っているのは、僕が「チャンネルゼロ工房」の東京支店長だったからです。いしい先生は「美少年」とも「耽美」ともぜんぜん関係ないですけど、なんか豪華でしょう（笑）。

文字ページのカットは、これまた付き合いのあった「楽書館」のさべあのまさんや高野文子さんたちに頼んで描いてもらいました。その後、高野さんにはマンガも描いてもらい、デビュー作「絶対安全剃刀」を『ＪＵＮＥ』の第4号に掲載しています。

「絶対安全剃刀」は「男の子同士」の恋愛を描いたものではないけれど、自殺願望のある少年とメガネの少年の掛け合い、というモチーフで『ＪＵＮＥ』の「耽美」路線に寄せてくれました。高野さんはもともと、萩尾望都先生の『ポーの一族』に衝撃を受けてマンガを描き始めたということもありますしね。

こういうふうに、最初のほうの『ＪＵＮＥ』は「男の子同士」とはあまり関係のないマンガ家さんも載っているんですけど、それは知り合いにも、ちょっとムリヤリ頼んで描いてもらっていたからなんですよ。

カット／高野文子
EDITORS' REST ROO

世紀末的感動!!
発売前から（まだ出んのカ！）お手紙がどんどん舞い込みまして、出た後になるともう…。嬉しい悲鳴というのが理解できました。いずれもとても興味深くて、全部お見せできたらなあ…ともかく6ページ分だけ。
カット／さべあのま
JUNとの運命的な出会いは忘れもしない三日前のこと……私は何となく、実に何気なく「今日は本屋に行くと、何かがある。」という気持ちに突然おそわれて夜の九時頃、近くの本屋さんに行ったのです。そして雑誌のコーナーをチラリと見るとJUNがパ

（右）：高野文子さんが描いた『JUNE』編集後記ページのカット（左）：さべあのまさんが描いた『JUNE』の読者投稿ページのカット。ロビンフッドはさわだたくさん（共に1978年2月号）

ちなみに、創刊号から何度か執筆していただいている「ケン吉」というペンネームのマンガ家さんは、実は若き柴門ふみさんです。彼女がお茶の水女子大の漫研にいたときに知り合いました。

僕は、自分の大学だけじゃなく、いろんなところの漫研も覗いていたので、

「東京女子大とお茶の水女子大の漫研が面白いらしい」

という噂を聞きつけて行って、そこで会いました。

当時柴門さんは、お茶の水女子大の漫研内でも、才能ありだと言われていたのですが、絵のタッチがいわゆる「少女マンガ」ではないし、かといって「少年マンガ」的でもなかった。のちに柴門さんが連載する『ヤングマガジン』などの青年誌がまだ創刊前（1980年に創刊）だったので、『JUNE』のケン吉名義の作品は本格デビュー前です。

よく覚えているのは、あるとき柴門さんが『JUNE』用の作品を会社まで持ってきてくれたときに、

「このあとに講談社に行く」

と言って、持っていた作品のネームを見せてくれたことです。それが柴門さんの商業デビュー作となる「クモ男フンばる！」で、めちゃくちゃ面白かった。それで、頼んでコピーさせてもらったので、たぶんまだ僕の倉庫のどこかにあるはずです。

その後、創刊されたばかりの『ヤンマガ』で、「P.S. 元気です、俊平」の連載を始めて大活躍するようになりました。

柴門さんと同じ、お茶の水女子大の漫研の部長だったのが、湯田伸子さん。彼女はのちに創刊する『小説JUNE』のほうでエッセイを連載してもらいました。湯田さんは大島弓子先生の大ファンで、実際、大島さんのアシスタントにまでなっちゃって、マンガ家としてもたくさんのコミックスを出版しています。

湯田さんはSF研も兼ねていて、SF研のほうには、作家の川上弘美さんがいたそうです。SFとマンガは、当時ニアイコールだったというか、読者にとって、とても近しいものだったんですよね。そもそも、マンガ大会みたいなイベントも、コスプレも、アメリカのSFのコンベンションを参考にしてやっていたので、SFとの関係がすごく密接だったんです。

高野文子さんの『絶対安全剃刀』は、その後、白泉社から1982年に単行本化された

僕が大学で所属していた「ワセダミステリクラブ（WMC）」はミステリ（推理小説）のサークルですけど、SFやマンガ、映画に詳しいメンバーも多かった。こういうサブカルチャーの小さな輪《スモール・サークル》でみんなつながっていたんです。

当時の漫研には、本当に才能のある人がいっぱいいました。東京女子大の漫研には森川久美さん、今市子さんがいましたし、日本女子大には高橋留美子さんや目白花子さんがいて、大学漫研（学漫）も盛り上がってきた時代でした。

まったく面識はありませんでしたが、早稲田の漫研には、『ドラゴンクエスト』をつくった堀井雄二さんも在籍していたはずです。堀井さんは、マンガではなく、ゲームという新しい分野のトップランナーになりました。

中島梓／栗本薫との出会い

『JUNE』を語る上で欠かすことのできないキーパーソンが中島梓（栗本薫）さんです。中島さんはWMCの先輩で、僕の一つ上なんですけど、幽霊部員で、クラブで会ったことは、一度もないんですよね。

でも、卒業のときに筒井康隆論（「パロディの起源と進化」）を書いて、それが新聞で紹介されたりして話題になっていた有名人でした。『ＪＵＮＥ』創刊の１年前の１９７７年に中島梓名義の評論（「文学の輪郭」）で群像新人文学賞をとり、創刊の年（１９７８年）には、栗本薫名義の小説（「ぼくらの時代」）で、当時としては最年少で江戸川乱歩賞を受賞するという、新進気鋭の文学者でした。

クラブの部室代わりになっていた喫茶店モン・シェリで中島さんの話をしたら、秋山協一郎さんが、

「中島梓なら、クラブにいたよ」

と教えてくれたんですよね。

秋山さんはＷＭＣで僕をかわいがってくれた先輩ですが、その頃、角川書店から出た『バラエティ』という雑誌の編集部でライターをしていて、書き手が足りなかったようでした。僕もちょっとそのお手伝いをしていたのですが、「書けるライターがもっと必要だ」という話になったので、僕が中島さんの名前を挙げたんです。

中島さんは実際には新入生歓迎コンパくらいしか来なかったようですが、秋山さんはちゃんと覚えていて、入会名簿で電話番号がわかったんです。高田馬場の公衆電話から、秋山さんが中島さんに電話をかけたときのことを、今でも覚えています。

秋山さんと僕と、中島さんの実家に訪ねて行って話をしたら、すぐに意気投合しました。

中島さんの部屋の本棚を見ると、SFとミステリ、そして『COM』や『ガロ』が収まっていた。マンガ家になりたくて『COM』に投稿していたこともあるという。「これは、完全にお仲間じゃないかっ」と嬉しくなってしまいました。

「やったー」

っていうか、舞い上がるような気分でした。

だから、中島さんと知り合ったのは『JUNE』よりも前、『バラエティ』のライター、WMCの後輩としてでした。

中島さんは評論が書けて、サブカルチャーも、「男同士」も、かなり詳しいので、『JUNE』の企画を考えるときにも、相談に乗ってもらっていたんです。「デミアン」とか『JUNE』のタイトル候補を、中島さんも一緒に考えてくれました。

だから、実際に『JUNE』が出せるというときに、もちろん「執筆者としてぜひ加わってもらいたい」と、依頼しました。

ちなみに、このときに一緒に中島さんを訪ねた秋山さんは、のちにWMCのMさんという方と一緒に、綺譚社《きたんしゃ》という出版社というか編集プロダクションをつくって、大友克洋さんの『GOOD WEATHER』『BOOGIE WOOGIE WALZ』や高野文子さんの『おともだち』の編集に関わることになります。僕も飯田橋のマンションの一室にあった綺譚社に時々遊びに行きました。

実はこの綺譚社は、初期の中島梓事務所も兼ねていて、中島さんへの取材依頼の電話窓口にもなっていました。高野さんが電話番をしていることもありました。当時、新進気鋭の作家・評論家だった中島さんのところには、何かあると新聞社や雑誌社からコメントや原稿依頼が殺到して、電話対応がすごく大変そうでした。

中島梓は千の顔を持つ

中島さんは、評論のときは「中島梓」、小説のときは「栗本薫」というペンネームの使い分けが有名ですが、実はそれ以外にも無数の顔があるんですよね。

たとえば、『JUNE』の創刊号には、謎のフランス人女流作家ジュスティーヌ・セリエの小説「薔薇十字館」が掲載されています。セリエの作品は、立て続けに『JUNE』に掲載しました。第2号には「DOMINIQUE（ドミニック）」という作品を掲載し、そして第3号には「聖三角形」という小説を載せました。どちらも翻訳者は、あかぎはるなさんで、イラストは竹宮惠子先生にお願いしました。

セリエは十代の頃に描いた「Fiérre de Trois」という作品で「セリ・ロゼ新人賞」にノミ

ネートされたという触れ込みの気鋭のフランス人作家で、この「Fiérre de Trois」、直訳すると「三人の熱気」という題名の作品をあかぎさんが邦訳したのが「聖三角形」です。

「聖三角形」は、モーリスとサン＝ジャンという二人の少年が、褐色の美少年ポールを取り合って、三角関係を演じた果てに生じる悲劇（ポールが部屋に火をつけて自殺する）を書いた物語です。原題の持つ「三人の熱狂が悲劇を生み出す」というニュアンスが、翻訳ではうまく伝わらないので、あかぎさんが「聖三角形」と見事に意訳してくれました。

このセリエのプロフィールや翻訳の経緯については、掲載号の『JUNE』の「訳者付記」であかぎさんが詳しく紹介してくれています。

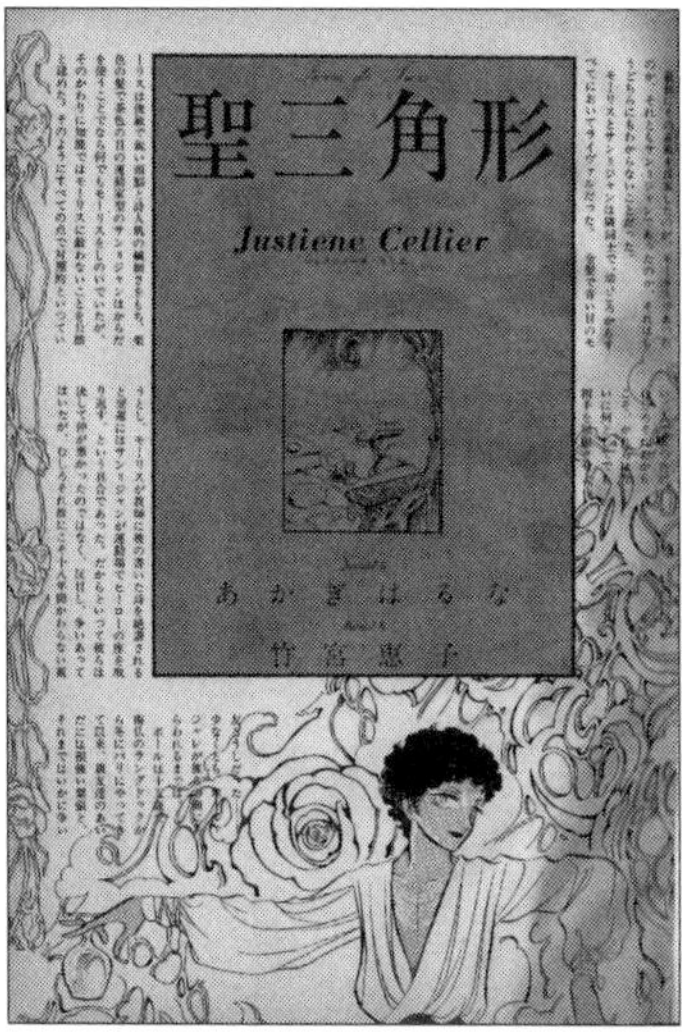
聖三角形
Justiene Cellier
あかぎはるな
竹宮恵子

『JUNE』第3号に掲載されたジュスティーヌ・セリエの小説「聖三角形」（1979年2月号）

しかし、実はこの「あかぎはるな」というのが中島さんの変名なんですよね。そればかりか、なんと、そもそもこの「ジュスティーヌ・セリエ」という作家自体が中島さんの変名なんです。

中島さんが「フランス人作家のふ

りをして」書いた耽美小説を、「フランス文学の翻訳者のふりをした」中島さんが訳し、詳細に解説するという自作自演。セリエのプロフィールも中島さん本人が考えました。あかぎはるなも、セリエも全部同じ人。

この自作自演に、竹宮先生が美麗な美少年たちの挿絵をつけてくれているという芸の細かさで、信頼度をアップさせました（笑）。

しかも、中島さんは『JUNE』に中島梓の名前で評論まで載せているので、一号に何作品書いているのか、もはやよくわからない。

中島さんのこういう変名は、記憶しているだけでも10種類くらいあったと思います。『JUNE』は立ち上がったばかりの雑誌で執筆者が不足していたため、中島さんが別名義で

付記――

「Fierre de Trois」はJ・セリエ十九歳の作品。彼女が同年輩の友人三人と作っていたという同人雑誌「Platanisté」（「スズカケの木の下」――古語で、「スパルタの青年体育場」をさす）に発表されたもので、彼女がセリ・ロゼ新人賞にノミネートされる候補作となった。原題は直訳すれば「三人の熱気」とでもなるか。「Fierre de cheval」が「ひどい熱を出す」の意味。ここでは、三人の熱狂、熱病にとりつかれた三人、といった意味に、ラストの火の熱をかけてあるのだろう。そのまま訳すと意味不明かと思ったので、あまりぴったりしないが意訳して『聖三角形』としてみた。

ところでJ・セリエの近況だが二ヶ月ほど前にきいた情報では、バカロレアに合格、大学生となった彼女は学生新聞に（それともこれは「Platanisté」のことか？）はじめての長編小説の連載をはじめた、ということなので、そのうちに、ジュスティーヌ・セリエの長編を『JUNE』の読者の手元にお届けすることもできるかもしれないと思っている。

一九七九・十二・四記　仏語とサン・テクジュペリのレポートに苦しみつつ――あかぎ　はるな

あかぎはるなが執筆したジュスティーヌ・セリエのプロフィール。存在しない文学賞（セリ・ロゼ新人賞）を受賞していることにするなど、芸の細かい捏造ぶりがリアリティを増しているが、紹介者のあかぎはるなも実は存在しない（1979年2月号）

たくさん書いてくれているんですね。実際には一人で、「おかげでかなり誌面が埋められる!」という冗談みたいな話です。

でも、意外と読者は疑わなかったんです。

「ジュスティーヌ・セリエで卒論を書きたいので、原書を教えて下さい」

という問い合わせが編集部にあったくらいですから(笑)。

中島さんは本当に「芸人」みたいなところもあって、遊びが好きな人なんです。別名で同じ雑誌に描くというのは、かつて梶原一騎先生もやっていましたね。「原作・梶原一騎」と「原作・高森朝雄」で、『巨人の星』と『あしたのジョー』の同時連載をするという。石ノ森章太郎先生と水野英子先生、赤塚不二夫先生が合作で「U・マイア」という謎のドイツ人のふりをして執筆した作品もありました。

こういうふうに、同じ人が同じ雑誌に変名で作品を載せるというのは、昔の雑誌ではたまにあったことです。あくまで「違う人」だということになっていました。出版社の不文律で、同じ名前が同じ誌面に並ぶといかにも執筆者が足りない印象になり、貧乏くさいからでしょうか。『JUNE』で中島さんがやったのはその極端な例です。

そもそも中島さんは、最初は評論でデビューしていて、「栗本薫」とは名乗っていませんでした。僕が知り合ったのも評論家の「中島梓」としてです。一般に、中島梓が本名で、栗本薫がペンネームだと思われている節がありますが、実はどちらもペンネームなんですよね。本名はぜんぜん違う名前です。中島さんは、最初からいろんな仮面《ペルソナ》を持っていたんですよ。

これは誌面を埋めるための苦肉の策でもありましたけど、読者投稿の「サクラ」と同じで、結果的に読者と作者の底上げにつながったと思います。「少年愛」や「耽美」と言っても、そんなジャンルの作品はまだまだ少なくて、興味を持っていてもどう書いて（描いて）いいかわからない。そんなときに「これがお手本だよ」という形で、中島さんがいろいろな小説を書く。すると、その作品を読んだ読者が刺激されて真似をし出すんです。

お手本があるとできちゃう、というのが日本のすごいところで、オリジナルは苦手でも真似するのはうまい。刺激されて本当にレベルが上がって、2次創作からプロがどんどん出る。日本は「ジェネリック」の国かもしれません（笑）。

同人誌のレベルもどんどん上がっていったところがあります。やがて同人誌の作家を中心につくるBL雑誌が生まれてきましたが、すでに最初期の頃からそういう兆候はあったんですよね。

あとで詳しくお話しますが、『JUNE』誌上では、「中島梓の小説道場」という連載で小説の投稿者を募りました。そして、そこから多くの作家たちが商業デビューしていきました。中島さんと竹宮先生、このお二人が『ＪＵＮＥ』という「場」をつくる引力の役割を果たして下さったのです。

美少年は自由にする

これまで、『ＪＵＮＥ』創刊の経緯をお話ししてきました。それにしても、なぜ、女性たちは、男同士の恋愛に萌えるのでしょうか？　これが、『ＪＵＮＥ』を始めたときからの謎でした。というか、僕はそれを知りたくて『ＪＵＮＥ』を始めたとも言えます。

「美少年」という雑誌のコンセプトは、完全に「24年組」から来ているのですが、その着想の元は、当時大ブームだったウィーン少年合唱団から来ているようです。ウィーン少年合唱団的な「ヨーロッパの少年たちの天使のような歌声と美しさ」というヴィジョンがまずあって、そこからさまざまなイメージが生まれてきました。ヘルマン・ヘッセの小説などからのインスピレーションも大きいでしょう。

「24年組」の作品群のもう一つの源泉は、彼女たちが子どもの頃から愛読していた少年マンガでしょう。そもそも、僕が最初に「24年組」の作品に興味を惹かれたのは、少女マンガなのに主人公が男の子、ということが多かったからなんですよね。

当時は、少女マンガは女の子が読むものだから「少女が主人公である」というのは当たり前のことだとされていましたが、「24年組」の作品はそうではありませんでした。その少女マンガの型から外れている感じが面白かったんです。

これは竹宮先生から直接聞いたことがあるのですが、女の子を主人公にすると少女マンガ的な制約が強すぎて、描きたい本来のストーリー展開ができなかったからだそうです。たとえば、気の強い女の子がリードするような話を描こうとすると、どうしても「生意気だ」という感じになってしまう。少年マンガでは、主人公がリードして冒険をしていくのは普通のことなのに。

そこで利用した仕掛けが、男の子を主人公にするということでした。竹宮先生は、男の子の立場になり代わって、女の子が言えないことを言わせる、だから、自分のマンガに出てくる美少年は「男の子そのものではなく、女の子そのものでもない、どちらでもない」のだとおっしゃってました。

また、萩尾先生も、ご自身は「少年愛」には興味はないけれど、少年を描くことでこれまで女性が受けてきた社会的な制約からの強い解放感があった、そこに大きな「自由」を感じたのだとおっしゃっています。

僕も『JUNE』の読者について、早くから仮説は立てていましたが、やはり「男性優位の社会で女性が受けるプレッシャー」という要素を外すことはできないと感じていました。今もそうですが、かつての「女らしく」「女のくせに」という規範意識はかなり強固なもので、

「男なら良かったのに……」

と思う女性はたくさんいたわけです。

僕は当時の「美少年」というのは、間違いなく少女が化身したものだったと思います。女の子が美少年の姿になると「自由」になれる。女の子のままだと制約が大きすぎて何にもできない、冒険ができない。さまざまな現実のプレッシャーから逃げて身を守る、戦時中の、空襲の爆撃から守ってくれる「防空壕」みたいな役割を果たせるのが、『JUNE』なのではないか？　僕はそう考えていました。

以前、『ファンタスティック・プラネット』という傑作アニメ映画をつくったルネ・ラルーというフランスの監督にインタビューする機会があったのですが、そのときに、

「日本では、アニメやマンガに夢中になるのは『逃避』だと言われてしまうのですが……」

と言ってみました。すると監督は、

「それは『逃避』ではなく『脱出』なのです」

と、答えてくれました。これを聞いて、僕は「なるほど、脱出なのか」と、ちょっと明

る い気持ちになったのを覚えています。

「24年組」の作家さんたちの多くは、本当に男の子になって冒険するみたいな、宇宙にも行くみたいな物語が描きたかった。少年マンガ的なノリで、自分も少年になって、「自由」にふるまいたかったわけです。

その「自由」の中に、もちろん「性的な自由」も入ってくる。女の子のままじゃダメで、美少年になったらできる。でも「中の人」は女の子なので、その対象の相手は男になる。つまり、表面的にはゲイに見える。「少年愛」はそういう仕組みなんです。

だから、竹宮先生が『風と木の詩』の連載開始の翌年に、SF大作の『地球（テラ）へ』の連載を始めたことには連続性があるんだと思います。萩尾先生も『トーマの心臓』の翌年に『11人いる!』などのSF作品を手掛け、その後『スター・レッド』の連載も始めています。また、山岸先生の『日出処の天子』は「男同士」の恋愛ものであると同時に、歴史ロマンでもあります。

このように、「24年組」の作家たちが、少女マンガの中に「少年愛」と共に、SFや歴史ロマンを持ち込んだことの意味は、とても大きいんですよね。それは少女マンガ的な制約、女性が社会から押し付けられるプレッシャーからの「脱出」の試みだったと思います。

僕はノンケ（日本のゲイ用語で、その気《け》がない、異性愛の人のこと）なので、「男の子同士」のマンガを読むときは、美少年は女の子だと思って読んでいました。

なぜかというと、男だとおかしいことがいっぱいあるからです。

たとえば、服を脱がされたときに胸を隠すしぐさをしたり、とか。海パンには上はないわけですし、基本的に男性は胸を隠しません。相撲取りだってそうじゃないですか（笑）。でも、マンガに出てくる「美少年」は、自分は女の子だから隠すんです。それで、「ああ、『中の人』は女で、男のふりをしているんだな」と。

つまり、「美少年」という「着ぐるみ」に入っている女の子なんですよ。

だからと言って、単純に普通の男女の恋愛を「男同士」にあてはめればいい、というわけでもありません。また、もちろんゲイでもないというのが微妙なところなんです。竹宮先生の言うように「男の子そのものではなく、女の子そのものでもない」存在なんですよね。

大事なのは、こういうふうに少女に「美少年」の着ぐるみを着せることで、何をなしうるのか、ということです。そこには、少女がそのままではなしえなかった「自由」が託されている、ということです。

僕が「防空壕」と呼んでいるのはそういうことです。だから、僕は『JUNE』を編集している間、「防空壕」に避難して羽を休めている読者に対して、次々と食料や花束の差し入れを届けているような気分でした。

第3章

少年愛の輪郭を求めて

『JUNE』の手探りの航海

突然の休刊と再出発

さて、こうして船出した『JUNE』ですが、当時は試行錯誤の連続ですし、スタッフも少なくて大変でした。『さぶ』の編集をしてくれている人に掛け持ちで手伝ってもらえたりしましたが、4、5人くらいの編集体制で雑誌を回していました。みんなアルバイトで、正社員は僕と櫻木さんの二人だけ。毎日のように会社に泊まり込んだりして、大変な状況でした。

創刊号のときは、会社の劇画誌の調子が良かったこともあり、10万部以上刷ってしまったんですよね。それで定価が380円。サン出版というのは、(印税方式ではなく買い切り方式の官能劇画のコミックスなど、一部の例外を除いて)基本的に単行本を出さない会社で、雑誌単体で黒字を出さなければいけなかったんですよね。

最初はそういうものかと思っていましたが、あとで知ったのは、他社では「雑誌単体では赤字で、たまった原稿を使ってコミックスをつくって、そこで黒字にする」というビジネスモデルでした。今の業界のスタンダードも、それだと思います。

サン出版は、戦後から雑誌が右肩上がりに売れていく時代を知っている人たちによってつくられた出版社です。だから、雑誌に対するこだわりというか、「雑誌愛」に満ちた会社でした。そして、かつては雑誌単体で黒字というのが普通のことでした。

会社はその頃の「常識」に倣った方針をとり続けていただけなのですが、そろそろ「雑誌では赤、単行本で黒」というのが主流になり始めていました。

そんなわけで、忙しいし、刷りすぎて返本も多いしで、『JUNE』は一度、第8号（1979年8月号）で休刊することになってしまいました。強い意気込みを持って始めた雑誌だったので、これはとても悲しかったけれど、正直言うと、同時にホッとした気持ちがあったこともたしかです。というのも、創刊以来まったく休めていなかったので、このままいったら倒れてしまう、というギリギリのところだったんです。

でも、返本が多かったはずの『JUNE』でしたが、あとから調べてみたら、常に数万部の一定数は売れていたことがわかりました。しかも、休刊したら読者から手紙がどんどん届いて、

「1000円までは出すから続けてほしい」

という声が多かった。なぜか、みんな判で印《お》したように「1000円までなら出します」

と書いてあるんです（笑）。新書判のコミックスが２４０円の時代ですから、雑誌に１０００円というのは相当な値段なんですけれど。

休刊を惜しんでくれる読者の声がかなり多かったため、その2年後、１９８1年の10月に『ＪＵＮＥ』は復活を果たしました。値段も倍近くの６００円にして、部数を半分くらいに減らしました。逆に、これくらいの価格でも、一定の読者は必ず買ってくれるという雑誌だったのです。

つまり、会社のほうでは、これはメジャーなマンガ誌や劇画誌とは違って、マニアックな「専門誌」である、という扱いにしたわけです。そうしたらこれが定着して、安定して発行できるようになりました。

でも、『ＪＵＮＥ』が安定して出せるようになったと言っても、やっぱり会社のほかの部門、グラフ誌、官能劇画誌などに比べると、さほど儲かっていたわけではありません。だから、ずっと、「いつまで続けられるのかな？」と思っていました。

実際、社長はときどき僕に、

「君も、いつまでも『ＪＵＮＥ』じゃないだろう」

と異動をほのめかすのです。

そんなわけで、『ＪＵＮＥ』をやっている間、僕はいつも最終号のつもりでつくっていました。逆にそれが良かった面もあります。これが最終号になってしまってもいいように、そのときにあるベストを投入していたから「これは、今載せないといけない作品か？」と、優先順位が決められたんです。

毎回低予算でギリギリのところでやっているので、なんだかずっと業績が悪かったような気がしていて、本当にいつも「休刊寸前なのかな」と思っていました。

でも、結局ずるずると20年近くも続いて、

「あれ、もしかして良かったのかな？」

と思うようになりました。だって、続けられたということは、雑誌単体で黒字で運営できていたということなので、普通ならありえないことですものね。

『JUNE』1979年8月号。この号のあと、２年間の休刊を余儀なくされた

『JUNE』復刊号。1981年10月。「『劇画ジャンプ』増刊号」という位置付けは、創刊より増刊のほうが出しやすく、部数は本誌より少なくしないといけないという「取次」の事情による。復刊時にキャッチコピーは「今、危険な愛を超えて」に微修正されている

「BLと百合の元祖」の座を逃す

話は少し飛びますが、『JUNE』を創刊してからずいぶん経ったあと、2000年代になっても、社長（当時は会長）はまだ「雑誌単体では赤字で、単行本の収益で黒字化する」というビジネスモデルが成立するということを、信じていないみたいでした（笑）。

2003年にサン出版（その頃は、「マガジン・マガジン」という社名になっていますが）では、Nさんという編集者が企画して、業界初の「百合（女の子同士の愛）」専門誌『百合姉妹』を創刊しました。これは企画段階から「単行本の収益で黒字化」という前提で始まったものので、その時点では社長も納得していたそうです。

ところが、創刊から一年半くらいして、ようやく単行本が出せそうだという時期になって、雑誌単体で赤字が重なっていくのを見た社長が、耐えきれずに、結局、わずか5号で雑誌の休刊を決めてしまったのです。

これにはNさんも困り果ててしまいました。単行本を出す前提でいろんな連載を続けていたのに、突然雑誌そのものがなくなってしまうわけですから、作家さんにも申しわけが立たないし、困惑するのも当然です。そこでNさんは引き受け手を探して、雑誌ごと他社に移籍することになりました。これが、今も一迅社で続いている『コミック百合姫』です。だから本当は、サン出版は「BLと百合の元祖」になれたんですよね(笑)。これは惜しいことをしたなと思います。2000年代には単体で黒字の雑誌なんて、他社ではほとんど存在していませんでしたし、『コミック百合姫』がいまだに続いていることを見れば、Nさんの読みが正しかったことは明白なのですが。

ただ、戦後の混乱期に東京三世社という出版社に入り、『実話雑誌』の編集者として実話ものの一大ブームを牽引《けんいん》し、『SMセレクト』の編集に携わったのちに、独立してサン出版を起こした宮坂社長は、まさに「雑誌の黄金時代」の生き字引のような人だったんです。それだけに、雑誌が赤字で当然、というのはどうしても理解しがたいことだったので

マガジン・マガジンで2003年に創刊された『百合姉妹』。2004年に休刊

一迅社で2005年に創刊された『コミック百合姫』

しょう。

新旧サブカルチャーの交差点

僕が企画を出して創刊したというと、皆さん僕が創刊の頃から『JUNE』の編集長だったと勘違いするんですけど、創刊から長いこと、編集長は櫻木徹郎さんが務めていました。だいたい、企画を出した当時は僕はアルバイトなので、編集長というのは無理があります（笑）。

編集長は「管理職」ですから、印刷所などとの予算を含めたやりとり、お金まわりのことが重要です。そういう外枠は櫻木さんが全部やってくれて、そのおかげで僕は内容のほうに専念して編集をすることができました。もちろん、とても感謝しています。

櫻木さんから僕に編集長が変わったのは、当時の『JUNE』の奥付を見ると1983年の7月号からということらしいです。でも、僕自身はぜんぜん覚えていないんですよね。ほぼずっと同じことをしているので、いつから編集長になったのか、奥付を見ないと自分でも思い出せないのです。

何かのときに、

「次から編集長だから」

とひとこと言われただけで、辞令も何もありませんでした（笑）。

編集長になっても給料が上がるわけでもなく、机やイスも豪華にならないし（笑）、何にも変化がなかったので。

初期の『JUNE』には櫻木さんの人脈もすごく入っています。たとえば、ひさうちみちおさんの「パースペクティブ・キッド」は『ガロ』と『JUNE』にそれぞれ掲載され、のちに青林堂で単行本になりましたが、ガロ系は櫻木さんのツテです。

また、『JUNE』には「耽美写真館」といって美形モデルを被写体にしたグラビアページがあったのですが、その写真を撮っている小暮徹さんとか、キャッチコピーを書いている林真理子さんなども、櫻木さんの人脈でした。林さんはまだ売れっ子になる前の、新人コピーライターでした。

デザイナーの秋山道男さんが、そもそも櫻木さんつながりです。櫻木さんのツテで、『ガロ』の南伸坊さんや渡辺和博さん、鴨沢祐仁さんにカットを描いてもらいました。ペーター佐藤さん、福山小夜さん、まりの・るうにいさん、といったイラストレーターの方々にも。

だから、僕の担当していた『COM』系のマンガやコラム、「24年組」の少女マンガ家さんたち、それからコミケ系の同人作家、それと櫻木さんの1960年代のアングラ・サブカルチャーみたいなエネルギーが、呉越同舟《ごえつどうしゅう》で混じり合っているんです。

復活後の『JUNE』には、吾妻ひでお先生にもマンガを描いてもらっていました。「美少年」ではなく、むしろ「美少女」マンガのパイオニアでしたけれど。

こういうふうに、いろんな要素が交差し合っているので、今の読者からはとても不思議な誌面に見えるのではないかと思います。

櫻木さんは『さぶ』をやっていましたが『JUNE』の読者は女の子なので、ゲイ雑誌とも勘所が違う。僕は少女マンガが好きだったけれど、自分自身は男なので、「少年愛」について、本当に読者の気持ちになり代わってわかるわけでもない。だから、「こうなのかな?」という勘違いも含めて、手探りのまま突っ走っていた面もあったと思います。

でも、櫻木さんとか僕みたいな、ちょっと「勘違いしているやつ」だったから、『JUNE』の誌面はああいう、へんてこで面白いものになったんだと思います。事情を何も知らない人から見たら「なんでこういう組み合わせになるんだろう?」という独特な編集を、結果的にしてしまっていました。

ただ、「発明は必要から生まれる」とも言うように、組み合わせの妙で1+1が10になるような、不思議な化学反応が起こったんですよね。そしてその多くは、会社の事情とか、個人の交友関係みたいな「制約」や「偶然」から生じていると思います。

今のＢＬ誌は編集者もほとんど女性で、読者のリクエストにきっちり応えていますよね。それは僕らにはできなかったことです。逆に、自分の知り合いや好きな作家も入れていたことで、予想外の効果が生まれていたのでしょう。

少年愛の輪郭を求めて

振り返ると、当時の僕は「少年愛」について、まだよくわかってなかったのだと思います（実は、今もですけれど）。というか、そもそも当時は今のＢＬみたいに、輪郭がはっきりしていないものだったんです。つまり、ジャンルとして確立する以前だったわけです。

中島梓さんに最初期からずっと「美少年学入門」の連載をしてもらっていたのも、「美少年」にまつわる各種座談会（「美少年をめぐって」竹宮惠子・ささやななえ・増山法恵・羅亜苦・中島梓、「青年愛の輪郭」青池保子・木原敏江・中島梓）などを誌面で行っていたのも、作家さん自身の手探りも明らかにしたかったからだと思います。送り手側でも「これがいい」というのはわかるけど、なんで「いい」のかはわからなかったから。

座談会で「少年マンガのキャラクターがなぜ色っぽいのか」をテーマにして話したり、

ほかに、安彦良和先生までゲストに迎えて、「少年」という座談会をやったりしたこともありました。

中島さんの『美少年学入門』とか『コミュニケーション不全症候群』などの著作は、その研究成果みたいなものですね。

やっぱり、「第一世代」は理論武装をしなきゃならなかったんです。「少年愛って、なんで？」という周りからの怪《け》訝《げん》な視線があったので、「なぜ」というのを言語化しなくちゃいけなかった。

最初、その方面で橋本治さんにも原稿を頼んだんですよね。橋本さんは『花咲く乙女たちのキンピラゴボウ』で少女マンガ論を執筆されるような方ですし、小説「桃尻娘」シリーズでも「男の子同士」の恋愛を描いた作家

（右）:『JUNE』での連載をまとめた中島梓『美少年学入門』（左）:『JUNE』誌上での座談会の様子。「美少年をめぐって（不確実性座談会：もっと君のことが知りたい）」と称して、『JUNE』創刊号の感想会（批評）をしたり、少年マンガのキャラクターの「色っぽさ」について語り合ったりしている（1978年12月号）

さんなので、『JUNE』的な世界にも造詣《ぞうけい》が深かったのです。

たしか橋本さんの原稿は、1、2回くらい掲載されたはずです。ところが、そのあと、「内容がわかりにくい！」

と言って、櫻木編集長が橋本さんの原稿をボツにしてしまう、という事件が起こりました。

このときはアセりました。僕はペーペーの新人編集者。そして、僕自身橋本さんの作品のファンだったので。それで、新宿のマイシティの上の喫茶店で橋本さんに、

「すみません、編集長がどうしてもと言って……」

と平謝りしたことを覚えています。橋本さんはいろいろとおっしゃってくれたのですが、緊張しすぎて頭は真っ白、何も覚えていません。

これが会社と作家との間で板挟みになるという「編集者あるある」の、最初の経験、試練でした。

編集者としてのモットー

こうやって僕の新人編集者としての活動が始まったのですが、そのときに自分なりの方

針というかモットーにしていたことの一つに、「ウソをつかない」ということがありました。もっとも、「できるかぎり」ですけれど（笑）。

それは、実は、子ども時代の体験に起因しています。そのきっかけになったのが、水銀体温計でした。

子どもの頃の僕は、病弱で、学校を休んでばかりいました。クラスで誰かが風邪を引くと、すぐにうつり、熱と咳と鼻水で、病院に行っては注射と薬、一週間ぐらい寝込んでしまうのがしょっちゅうでした。重症化したときは肺炎で死にかけたこともあります。

いつものように、家で、額に水で冷やしたタオルを載せて寝込んでいたある日のことです。熱を測る時間になったとき、枕もとに、たまたま母の持って来てくれていた、お茶の湯呑みがありました。熱でちょっとボーッとしていた頭に、ふと、

「体温計をお茶に入れてみたらどうだろう？」

というアイデアが浮かびました。

昭和の当時は、もちろんデジタル体温計などはなく、デジタル抜きの、すなわち、脇の下にはさんで、細いガラス管を昇った水銀の位置の目盛りで熱を読み取る、アナログなものでした。

それで、脇の下にはさむべき体温計の先端を、お茶に入れてみたところ、銀色があっと

いうまに上昇し、たしか目盛り上限の42度も超えて、てっぺんまで達してしまいました。慌ててお茶から取り出し、何度も力一杯振って、熱を下げようとしました（それが、下げ方＝リセットの仕方だったのです）。

ところが、どんなに振ってみても、タオルの水分で冷やしても、まったく水銀は戻る気配がありません。

「体温計を壊してしまった！」

真っ青です。

元に戻らないのに、まもなく母は、熱の確認をしにやって来ます。42度を超えて最大なのを見たら、これはただちに救急車を呼ばれてしまうかもしれません。救急車で（仮病で）入院させられるか、体温計を壊したと怒られるか、どっちにしてもヤバイ、究極の選択です。母に何と言えば良いのでしょう？

心臓はバクバク、必死に言いわけを考えているパニックのうちに、母が来てしまいました。結局、何も思い付かず、頭が真っ白なまま、おそるおそる体温計を差し出すと、一目見るやいなや、母が叫びました。

「お茶に入れたねっ！」

そして、体温計を持っていって、たぶん、下げようとあれこれしていたのでしょうか、戻っては来ませんでした。また、その後に怒られたという記憶もありません。

この事件の個人的教訓は、「大人はスルドい、あっさり事情を見破るから、ヘタなウソはついてもムダだ」ということです（笑）。

また、ウソを考えて必死なときは、かなりの苦痛で、逆にバレたときには、ものすごくスッキリしました。そして、（なぜか）まったく怒られなかったことも印象的で、その結果、「ウソはつかないほうがラクなのだ」と、完全に刷り込まれてしまったのでした。

話のつじつまを合わせるためにウソにウソを重ねたり、裏と表のアリバイをわざわざつくったりするのは、ストレスがたまりますし、結局は、信用も失うことになります。新人編集者の頃は（いや、今でも）いろいろな失敗をしてきましたけれど、この「（できるだけ）ウソはつかない」という姿勢は、それなりに役に立っているようです。

あだち充先生の取材で冷や汗をかく

若い頃の失敗談ということで、思い出したことがあります。僕が『アニメージュ』編集部でアルバイトをしていたことはすでにお話ししましたが、ほかにもツルモトルームのSF雑誌『スターログ』（「ワセダミステリクラブ」のOBの中尾さんが編集長をしていた雑誌です）

やマガジンハウス（当時は平凡出版）の『POPEYE（ポパイ）』『Olive（オリーブ）』でも、一時期編集やライターの仕事をしていました。

当時『POPEYE』編集部には——その頃はまったく知りませんでしたが——三島由紀夫の担当編集者で剣道の弟子で一緒にお風呂に入っていたという椎根《しいね》和《やまと》さんという方がいて、僕は椎根さんの下でマンガ家へのインタビュー記事などを担当していました。そのときに、「タッチ」を連載中のあだち充先生にインタビューをしたことがあったんです。あだち先生はその頃、『少女コミック』で「陽あたり良好！」の連載を終えて、少年マンガに戻ってきたばかりでした。

あだち先生はかつて『COM』にも投稿されていましたし、お兄さんのあだち勉先生も

『POPEYE』創刊号。1976年。創刊編集長は、木滑良久。のちに椎根和が編集長となる

『Olive』創刊号。1982年。椎根が実質的な編集長を務めた

マンガ家だったので、「マンガ家兄弟」として知られていて、昔から読んでいたのですが、ちょうど従来の「少女マンガ」でも「少年マンガ」でもない、新風を巻き起こす「注目株」として人気を集め始めた時期です。

僕はあだち先生の大ファンだったので、緊張しながら、指定された喫茶店でインタビューを開始して30分くらいたったときだったでしょうか。あだち先生が急に、録音に使っていた僕のカセットテープ・レコーダーを指さして、

「それ、回ってないよね？」

とおっしゃったんです（笑）。

なんと僕は録音のスタートボタンを押さずにインタビューを始めてしまっていて、それをあだち先生本人に指摘されるという大失態です。「冷や汗をかく」というのは、まさにこういうときに使うのでしょうね。

このときは本当に焦りましたが、幸いにも『POPEYE』の記事はフル起こしのインタビューではなく、取材で聞いた話をベースに僕が執筆するという体裁だったので、記憶をフル稼働して記事を書くことができました。年号などの数字的な部分だけは、回し直したテープを前にもう一度お話しいただき、それ以降のインタビュー後半はもちろん録音することができました。

あだち先生とは、その後小学館のパーティーなどで何度か再会する機会があったのですが、「テープを回し忘れたインタビュアー」という最初のインパクトのおかげか、僕の顔を覚えて下さるようになりました。それでしばらくサン出版の「官能グラフ雑誌」をおわびの意味も込めて参考資料としてお送りしていた時期があります（笑）。

「お前はどっちから金もらってるんだ？」

『JUNE』創刊の頃は、社長からは「女性向けのエロ雑誌」なのに「エロさが足りない」と言われました。でも、こちらとしては、なるべく強めに行こうとしても、なかなか作家さんが行ってくれないんですよね。それを押して無理に描いてもらうということも、僕にはなかなかできなくて、今のBLから見ると『JUNE』はぜんぜんぬるくてソフトだと思います。

たまにハードめな作品を載せても、『JUNE』の読者は必ずしもそういうものを求めているわけではなくて、評判が悪かったりして。もちろん、スパイスとしてエッチな要素は入っていますけど、あくまで「女の子のためのファンタジー」なので、男性が考える「エロ本」とは方向性が異なるんですよね。

これは会社だけではなく、取引先や取材先に説明するのもすごく大変でした。当時だと、「男同士」というと、

「それはホモ（ゲイ）だろ？　なんで女の子がそれを読むの？」

と言われてしまって、ぜんぜんわかってもらえませんでした。本当に何百回説明したかわかりません。雑誌に載せる写真を借りに行くときも、

「ホモ（ゲイ）雑誌じゃないの？」

と訊かれて、

「いや、女の子のための雑誌なんです」

と、同じことをまた一から説明するみたいな感じでした。

編集者としては作家さんに強く出られるようなタイプではないので、『ＪＵＮＥ』に掲載された作品で、仕上がってきたものを強引に直させたようなことも、あまりなかったと思います。もちろん事前に注文は出しますし、ネームの打ち合わせでも言うだけは言って、作家さんが納得してくれたら直していただきますけど。結果としてハードな仕上がりにならなくても、作家さん優先で、そのまま載せていました。

あとで会社に何か言われたら、

「いや、お願いしたんですけどねぇ……」

とか弁解していました。

それで一度社長に怒られたことがあります。

「お前はどっちから金もらってるんだ？　会社だろう？　マンガ家からもらってるのか？」って。たしかに会社から給料をもらっているのですから、そう言われて困ってしまいました（笑）。

僕としては、全員が幸せになるように動いていたつもりなんですけど、仲のいい友達もマンガ家、このあとお話しするように妻もマンガ家なので、どうしてもマンガ家さんに有利なように考えちゃいますよね。

ささやななえとの出会い

当時の『JUNE』作家さんの周辺では、最初僕をゲイだと思っていた方も多かったみたいです。逆に女の子が好きだったから、女の子の読者のために雑誌をつくっていたのですが、解釈って正反対になるから面白いものですね。

サン出版は『さぶ』も出していた会社なのでリアリティがあったんだと思います。たしかに編集スタッフにゲイのSくんがいたけれど、僕も櫻木さんもノンケでした。

のちに僕は少女マンガ家のささやななえ（のちに画数を増やすために、ささやななえこ）と結婚するのですが、ささやも僕と付き合っていたとき、二人が付き合っていることを知らない人から、

「佐川さんってホモ（ゲイ）なのよね？」

と話されて、

「ふーん、そうなんだぁ……」

って、適当に話を合わせたことがあると言っていました。

僕がささやななえというマンガ家を初めて知ったのは、妹が買っていた『りぼん』に掲載された「私の愛したおうむ」という作品でした。同級生や義母との人間関係から疎外されて、深い孤独感を覚える少女の話で、暗いトーンの中にも繊細な抒情性があって、とても印象に残りました。

本人と直接出会ったのは大学生の頃です。ＷＭＣの先輩の秋山さんが、角川の『バラエティ』のライターをしているときに山岸凉子さんと知り合って、山岸さんも参加するイベントが開かれる際に、

「佐川も来いよ」

と言うので、一緒に行くことになったんです。

そのイベントが終わったあとの打ち上げに、山岸さんと仲が良かったささやが来ていました。たしか、山岸さんと、秋山さんと、僕とささやとで食事をしたように思います。そのとき、彼女はボブヘアのウィッグをかぶっていて、スパスパ煙草を吸って、お酒を飲んで、なんだかおしゃれ。フランスやイギリスにも行ったことがあり、都会的で、おしゃべり、という印象でした。僕は最初、

「あれ、『私の愛したおうむ』のイメージとぜんぜん違うじゃないか!」

とギャップを感じました。

本人はすごく陽気でニコニコした人で、恰好もおしゃれにキマっていた。それが作品のイメージと合わなくて、なんだか詐欺に遭ったような気がしたんです(笑)。

それで、のちに『JUNE』の原稿も頼むことになりました。『JUNE』には結構頻繁に描いてもらったのですが、だんだん付き合いが深くなってくると、「やっぱり『私の愛したおうむ』を描いた人だな」というのを折々に感じるようになりました。

ささやはご飯をおいしそうに食べる人で、意外と貧乏性で、竹宮先生の自宅近くの(今はない)風呂なしアパート、若草荘にずっと住んでいました。安物も好きで、タダでもらったタオルとかを、ぼろぼろになるまで使っていました。アシスタントの人が雑巾だと思って使ったら、それがささやの洗顔タオルだったっていう話があります(笑)。

それで、次第に親近感を持つようになって、意気投合して……というのが、なれそめですが、詳しい話は（聞きたい人がいらっしゃったら）またの機会に。

『JUNE』はBL雑誌ではなかった

こんなふうにして、「美少年」をテーマにした雑誌をつくりながら、肝心の「少年愛」の輪郭を探していきました。探しながらつくっているので、傍から見たら誌面はカオスで雑然としています。

けれど、そういうモヤモヤした、これからの可能性を秘めている状態のものが僕は好きなんですよね。たとえばデヴィッド・ボウイやJAPANのファースト・アルバムとか、まだスタイルは出来上がってはいないけれど、僕は大好きです。そのあと2作目、3作目で完成されてしまうと、完成度が高すぎて逆にちょっとつまらなくなってしまう、というようなところがあります。

同じように、新人作家さんや、マンガのネーム段階もすごく好きです。「伸びしろ」がある状態というか、未分化で、勢いで描いているから、必要なところしか描かれていない。そういうものにとても惹かれるんです。

たとえば、新人アイドルにもそういう側面があると思います。これから伸びていくところを、ステージの上と下で応援し合う関係というのでしょうか、一種の「共犯関係」がファンとの間に成り立っているというのがいいんです。ステージの上と下で一体になれる空間がある。だから、ファンの人も、うまい歌や演奏を聴かせてもらうことにお金を払うというのではなく、未完成な「伸びしろ」に投資して応援しているわけですね。

そういう意味では『JUNE』もデビューしたての「新人」だったんだと思います。読者との間に一体になれる空間が成立していた。

だから、当時の『JUNE』というのは、「BL雑誌」ではなかったんですよね。サン出版という勢いのある会社で、ユニークなものが同じ誌面に同居している、まだはっきりと輪郭がわからないような「雑多な何か」です。それこそが、雑誌の魅力なんだと思います。

本当は、初期の『JUNE』には、女の子にはあまり興味がないものも結構載っていたはずなんです。でも、当時はこれしかないから、みんな我慢して(?)読んでくれていました(笑)。本当にありがたいことです。

「耽美」ではなく「お耽美」

ところで、『ＪＵＮＥ』が休刊していた2年の間に、『ＪＵＮＥ』が束見本の参考にしたみのり書房の『ＯＵＴ』が、増刊号として『ＡＬＬＡＮ（アラン）』という雑誌を創刊しました。１９８０年のことです。「少女のための耽美派マガジン」というのがキャッチコピーで、『ＪＵＮＥ』で描いていた作家さんにも声をかけてつくられた雑誌です。『ＡＬＬＡＮ』は最終的には、マンガをほとんど載せなくなって、耽美系のサブカルチャー情報誌みたいなものになりますが、編集長の南原四郎さんは、『ユリイカ』（「詩と批評」の副題を持つ、青土社の人文系カルチャー誌）みたいな文化的な志向性を持つ人だったので、最初は『ＡＬＬＡＮ』でも結構難しい特集をやったりしていました。他方で、読者欄は開放的に大胆な投稿でも全部載せちゃう、みたいな過激な雑誌でもありました。

建前の特集は難解だけれども、投稿欄は野放図というのは、なかなか良かったと思うんです。でも、あるとき投稿欄に某ミュージシャンについての読者の妄想小説を載せちゃって、そのマネージャーからクレームが来たことがあったそうです。それで『ＡＬＬＡＮ』はそのミュージシャンの事務所を出禁になってしまったのですが、「同類」（？）として、とばっちりで『ＪＵＮＥ』も出禁になったんですよね。

こういうふうに、みのり書房とはお互いに刺激し合う関係だったのですが（笑）、『JUNE』のほうは初めからもう少しエンタメ志向でした。

「耽美雑誌」の代表というと、1960年代末に澁澤龍彦さんが責任編集をしていた『血と薔薇』という伝説的な雑誌がありました。この雑誌は僕も当然知っていて、もちろん敬意を持っていました。

ただ、僕は文学は決して嫌いではないのですが、やっぱりちょっと眠くなるところがあるんですよね。「本当に楽しい？」と訊かれると、正直に言えばあんまり楽しくない。教養のために我慢して読むっていうところがある。僕としては、もうちょっとエンタメ的というか、マンガ的がいいんじゃないかなと思っていました。

みのり書房の「少女のための耽美派マガジン」『ALLAN』、1981年第5号。特集は「黒魔術」

澁澤龍彦・責任編集『血と薔薇』創刊号。天声出版。1968年

だから「耽美」という言葉を使ってはいるんだけど、『JUNE』はどこか「パロディ」っぽいところがあるというか、ユーモアを大事にしていました。

たとえば、竹宮先生は「読者」という現実を見ているというか、生粋のエンターテイナーとして、距離を持って作品を描かれているところがあります。青池先生は「エロイカより愛をこめて」など、ギリギリの寸どめで一線を越えないところで描かれていますが、コメディ要素もかなり多い。

振り返れば、「男同士」という表現が、当時のノンケの男性から見てなんでちょっとおかしく見えたのかというと、「男と女のパロディに見えたから」という側面もあったんじゃないかと思います。

あるいは、ウィーン少年合唱団がやるから、ヨーロッパでやるからいいものを、日本人がそのままやるとちょっと無理がある。それでどこか非現実的な、ファンタジーっぽくなる、とかそういうことですね。

こういう無理があるはずのものを強引に成立させてしまえるのが、マンガのいいところだと思っているんです。「マンガ特有のウソ」とでも言うのでしょうか。そういうものが僕は好きで、マンガはアートと違って「面白いもの勝ち」なんです。

デッサンが狂っていても、美しいものは美しいし、ロックと同じで、楽譜が読めなくても、演奏に迫力があればそれでいい。むしろそっちのほうが心を動かされる。本物でなくても、お金がなくても、できる表現。何十年も訓練を受けなくても、自分の力でできる。そういうものが、僕はいいんです。

だから、『ＪＵＮＥ』は文学志向というよりも、エンタメ・パロディ志向、「耽美」というよりも「お耽美」なんですよね（笑）。でも、振り返って、今のＢＬに比べると『ＪＵＮＥ』はずいぶん深刻だな、と思うところもありますけどね。『ＪＵＮＥ』の作品には、男の子同士の「刹那の恋愛」が「永遠」になる、というような型があって、病死とか心中とか、悲劇的な結末を迎える物語も多かったですし、エロティックな描写も精神的なもののほうに偏りがちでした。

一方で、こういう表現自体が典型的なロマンティック・ラブというか、エンターテインメント的なステレオタイプだとも思うのですが、他方で、読者にはこういう「重い」作品こそ『ＪＵＮＥ』なんだと「文学的」に受け止められていたふしもあるんじゃないかと思います。

僕としては、ツッコミどころ満載なんだから、そこはツッコんでよ、という気持ちもあったのですが。

「やおい」の始まりは冗談だった

パロディということで言えば、そもそも手塚先生がよくやっていて、「火の鳥」の中にすら、赤塚不二夫の「おそ松くん」のイヤミの「シェー」をするシーンがあったくらいです。だから、「まんがエリートのためのまんが専門誌」（当時のキャッチコピー）、『COM』にもパロディがあったんですよ。たとえば、1968年4月号に載った永井豪先生の「ジュン」のパロディが素晴らしかった。永井先生が石ノ森先生のアシスタント時代に描いたもので、雑誌もよくこれを載せたなって思いますけど。「豪ちゃんのふあんたじい・わらうどバン」という作品です。

これは「章太郎のファンタジーワールドジュン」のもじりです。当時ファッションブランドの「JUN」と共に、「VAN」というブランドが人気だったので、それで「バン」というタイトルになっているというわけです。

「ジュン」には、巨大な月をバックにした草原で、少年が少女を追いかけている、というロマンティックなシーンがあるのですが、永井先生の場合、その巨大な月面に少年が「バン！」とぶつかるんです。それで月面に人型の黒い穴が空いて、その後、夜空には穴の空いたままの月が昇っていた（笑）といったパロディマンガでした。

そもそも『COM』には「ぐら・こん」という読者参加型のマンガの投稿コーナーがあって、そこに投稿文化とか、のちの2次創作文化とかにもつながるものが、すでにありました。これは「迷宮」などの元『COM』読者の人たちが、コミケをつくっていく伏線にもなっています。

『JUNE』の土台には、こういう同人文化やパロディ文化もあるので、誌面でも、少年マンガの『JUNE』的な「読み替え」みたいな特集もやったりしました。たとえば、先にもお話ししたような、少年マンガのキャラの「ここが色っぽい」みたいな座談会をやったり、吉田秋生先生の少女マンガのパロディ作品などを掲載したこともあります。

そもそも、BLの源流の一つとされる「やおい」というもの自体が、一発ギャグみたいなものでしたからね。「やおい」というのは「山なし、落ちなし、意味なし」の略ですけど、これも実は冗談的な説明なんですよね。

もともとは、波津彬子さんたちの同人誌の中で、とあるメンバーがオリジナルの短編作品「夜追《やおい》」を描いたことが発端でした。義兄弟の契りを交わす男同士の色っぽい関係性をにおわせる4ページの小品で、それ以外には特にストーリーの起伏もなく、すっと終わってしまうような作品。

1979年に、この作品を波津彬子さんや坂田靖子さんが関わる同人誌『らっぽり』がネタにして「やおい特集号」というのを組むんです。「夜追」を面白がって、同人誌なんだから、山もなく、落ちもなく、意味もない「三無主義」こそが、やおいマンガだなどと言って、仲間内のパロディ座談会で盛り上がっていました。逆に言うとこれは、「山と落ちと意味しかない」、つまり「男同士」の醸し出す色気ということにしか意味がないということでもあるんですけど。

波津さんのお話では、山も落ちも意味も、つまりストーリーの構成を気にせずに、好きなことだけ描けたら楽しいけれど、商業誌ではそれは不可能なので、あくまで冗談として、「やおいマンガという新しいマンガの形があるのだ」と言ってみた。そういうことだったみたいです。

だから、「やおい」というのは、当初は、内輪向けのギャグだったんですよね。

当時『らっぽり』の「やおい特集号」は僕も買った覚えがあります（残念ながら、倉庫のどこかに埋もれてしまっているのですが）。でも、そのときは『JUNE』の編集で忙しかったし、単に面白いネタだな、というだけですぐに忘れてしまいました。波津さんや坂田さん、当の本人たちもそのまま忘れていたら、いつの間にか80年代に「キャプテン翼」の2次創作の同人誌などが「やおい」と言われ出して、予想以上にこの言葉が広がっていたのです。

だから「やおい」という言葉が「男同士の2次創作の同人誌」という意味で使われ出す

のは「やおい特集号」から、タイムラグがあります。一発ギャグで終わりだと思って、使った当人たちも忘れた頃に、じわじわこの言葉が浸透して、もともとの定義から少し離れて一人歩きしていた。

坂田靖子さんについては、面白い話があります。坂田さんにも『ＪＵＮＥ』にたくさん作品を描いてもらっていましたが、すごい遅筆なので最初に、コマ割りとフキダシとセリフだけ描かれたネームがＦＡＸで編集部に届くんです。でも、ネームだけ読んでも、まったくどういうマンガなのか想像がつかないんですよね。

それで、絵が入ったあとに見て、たとえば「あ、これ人間じゃなかったんだ！」と、初めてわかるんです。セリフで人間だと思って読んでいたら、そのキャラは実は動物だった

『らっぽり』やおい特集号の表紙。1979年12月

同号の「やおい対談」。参加者は、波津彬子、坂田靖子、花郁悠紀子、橋本多佳子、磨留美樹子。なお、この『らっぽり』やおい特集号は、著者が『JUNE』編集長を後任に引き継いだのち、『小説JUNE』2001年3月号に巻末付録として復刻された

り、妖怪だったりする（笑）。完成した作品を読むと、めちゃくちゃ面白いんですよ。ネームと本番のギャップが一番すごかったのが坂田さんです。ほかの人のはある程度どういう仕上がりになるか想像がつくんですけど、坂田さんだけはまったく（笑）。

そう言えば、「キャプテン翼」の「やおい」同人誌の流行に続いて、人気になったのは車田正美先生の「聖闘士星矢《セイントセイヤ》」でした。アニメも流行っていて、兄弟聖闘士のフェニックス一輝とアンドロメダ瞬のカップリングとか、とにかくすごい人気で、一度『ＪＵＮＥ』本誌で車田正美先生にインタビューさせていただいたことがあります。ダメ元で申し込んだら、なんと快諾して下さって。

驚いたのは、その後に「聖闘士星矢」本編に、ジュネというキャラクターが登場したことです。「アンドロメダ瞬に密かに想いを寄せる、仮面で素顔を隠したカメレオン座の女聖闘士」という設定は、『ＪＵＮＥ』の読者の女の子たちを意識して下さったのでしょう。

第4章

シーンが生まれるまで

『JUNE』の成功とBLの夜明け

なぜ「少年」ではなく、「美少年」だったのか

なぜ「少年愛」だったのか、ということについて、主人公を少年にすると「自由」が得られる、というお話をしました。でも、単なる「少年」でもなくて、あくまで「美少年」じゃなきゃいけない。これはなぜなのでしょうか？　わかりやすい理由は、みんな決してデブでハゲの中年男性になりたいわけではないということです（笑）。

そもそも、少女マンガに出てくる男の子は基本的に美少年なんですよね。さらに主人公の女の子も、だいたいかわいく描かれています。よく少女マンガで主人公の女の子が「私ブスでスタイルも良くなくって……」などと悩んでいるセリフがありますが、実際には、ほとんどがかわいく描かれているわけです。

身もふたもないことを言えば、それは「主人公」だからです。「主人公」だから、心の美しさとかいろんなものを含めて、一つの「象徴」として美化されているんですよね。このような記号としての「わかりやすさ」が、娯楽にはなくてはならない要素なのです。

マンガに限らず、エンターテインメント産業は基本的にそういうふうにできています。ハリウッド映画などでも、2時間も大画面《スクリーン》を見るなら、主人公は美しいほうがいい。美しいもの同士なら、一目ぼれと言っても説得力があるじゃないですか。そうじゃない場合は、「亡くなった妹に似ていたから」などと、興味を惹かれた理由を説明しなければならなくなります。

主人公が美しければ、そのあたりのことを深く説明しなくてすみますし、娯楽として成立しやすいんですよね。

でも、あくまで内面とかそういういうものを「象徴」として主人公の美しさに託している分には良いのですが、これが逆転して、「美しくないと主人公じゃない」ということになってしまってはいけないと思うのです。そういうふうになってしまうと、本来娯楽のためのお約束であったはずのものが、読者に「こうでなくてはいけない」というコンプレックスを与えるものになってしまいますから。

昔はマンガや映画は現実とはぜんぜん別で、「あれはつくりものだ」という境界線が今よりもはっきりしていたと思います。「あちら側」にいる人間は、あくまで「夢の世界」「銀幕のスター」でした。マリリン・モンローやオードリー・ヘップバーンなど、ハリウッドの夢のようにきれいな女優さんも、今ほど国際化が進んでいないから、一種の「ファンタジー」として消費することができていたのです。

現代では、国際化もどんどん進んで、きれいな女優さんもモデルさんもわりと身近な存在になり、メイクのレベルもすごく上がって現実も美しくなってきました。いまや「2・5次元」というすごいジャンルまで実現しています。

「2・5次元」ならあくまで楽しいエンターテインメントの範囲だと思います。でも、現実社会には「美」による差別、コンプレックスというものがたしかにあって、過度なダイエットや整形手術をしてまで自分を「美」の規範に合わせようとして苦しんでいる姿なんかを見ると、僕としては「マンガが現実になってしまう」のには、複雑な気持ちがします。

たとえば、中島梓さんが『コミュニケーション不全症候群』の中で論じ、そしてご自身もずっと苦しめられてきたものが、「ダイエット」という強迫観念でした。

『JUNE』は現実社会のプレッシャーからの一時的な避難場所、「防空壕」として、女の子たちが傷ついた心を癒すための「ファンタジー」として、「美少年」「美青年」の世界を提供してきたつもりでした。

当時は、技術的にここまで夢と現実を近づけることができるなんて、思いもよらないことでしたし、「美しさ」というつくりものの記号が、現実では人々を追い詰めるプレッシャーにもなってしまう、というのは意図するところではありませんでした。記号はあくまで記号であって、現実ではないのですから。

でも、これについては「美少年、美少年！」と熱心にＰＲしてきた『ＪＵＮＥ』にも責任の一端があるのではないか、と反省したりします。

本物と偽物のあわいで

ところで、今お話ししたようなことは、マンガのような娯楽を大人も楽しむようになった、という事情ともちょっと関係しているのかもしれません。

たとえば、「美少年」ということとは違いますけど、手塚治虫先生の時代には、銃一つ描くのにも記号で簡単に処理できました。手塚先生には銃の種類を描き分けようという気持ちはぜんぜんなくて、わかりやすい「記号としての銃」です。だから、逆に普遍性があるとも言えるのですが。

これが劇画になると、「これはナチスが使っていたナントカ社製の銃」「これはイギリスの警察が使っていた型の銃」などというディテールが重要になって、その情報自体がドラマにも影響するようになりました。

キャラクターについても同じで、単純な記号から、もっと深い描き分けが必要になってきます。かつてマンガは「子ども向け」「子どもだまし」だから良かったのが、だんだん読者の年齢が上がってくるにつれて、大人をだまさなければならなくなりました。

かつては、小学校で卒業する、栄養にならない駄菓子みたいなものだったマンガは、いまや役に立つものになって、社会的な信用が上がりました。けれど、同時に「いいかげんな子どもの妄想をそのまま描く」というのも、いまだにマンガの重要な娯楽性なのだと思います。

昔は絵が単純だったので、キャラクターが高いところから飛び降りても、骨折の心配をしなくてもすみました。初期の手塚先生の絵でビルから飛び降りても、パッと華麗に着地するだけで平気なのですが、「ゴルゴ13」の画風で高いところから飛び降りたら、やっぱりケガをしないとおかしいと感じるじゃないですか。

あるいは、永井豪先生の「デビルマン」のような過激な（暴力描写のある）作品をシリアスな絵でやっていたら、今なら1話目で発禁になってしまうかもしれません。「デビルマン」は、石ノ森章太郎先生直系の、あの永井先生のタッチだから良かった、というバランスがありました。

実は、漢字の通りだった「漫画」（「単純・軽妙な手法で描かれた、滑稽と誇張を主とする絵」という意味）の世界に初めて非情な「現実」を持ち込んだのは手塚治虫先生です。手塚先生は、メインキャラが死んでしまうとか、戦争で涙を流して悲しむとか、それまでのマンガ表現にはなかった「悲劇」をマンガに取り入れることで、リアルなストーリー描写を始めた最初の人なんです（手塚先生ご本人が、石ノ森先生との対談の中でそう語っていらっしゃいます）。

でも、手塚先生がすごいのは、こういうシリアスなシーンに必ずと言っていいほどギャグをはさむことです。これには、「マンガにユーモアは欠かせないものだ」という信念もあるのでしょうけれど、同時に「たかがマンガですから」「つくりものですから」と作者自身で水を差してしまう謙虚さの表れでもあったのではないでしょうか。

どんなに現実に近づけても、フィクションはフィクションです。本物の戦争を体験した手塚先生は、どこかでいつも「夢と現実の間にはっきり線を引いておきたい」という姿勢を保ち続けていたようなところがあるのです。

マンガ家にとって大切なのは、こういう夢と現実との間のバランス感覚なんですよね。大人をだまさなくてはいけなくなったマンガは、単なる「つくりもの」を描くだけではダメになりましたが、同じくらい単なる「現実」に近づくだけでもダメなのです。

「24年組」の作家さんたちは、みんなこのバランス感覚に優れていたと思います。たとえば、「美少年」というのは宝塚の世界みたいなもので、基本的には「フィクション＝つくりもの」なのですが、ディテールの描写にすごい本物らしさがあって、細かい部分をちゃんと調べて描いているんですよね。

僕が感心したのは、ヨーロッパの石畳ってどんなものか、ちゃんと現地で調べて描いたということです。「石畳」というから日本の畳くらいの厚さなのかなと思ったら、石はもっと分厚い。地中の深いところまで石が埋めてある。そういうことを、みんなでたしかめに行っているんです。植物の形も窓もヨーロッパと日本では違うとかいうことを、実際に見て絵に反映させていたのです。

だから、「24年組」作品の舞台になっているヨーロッパは、日本人が夢見る架空のヨーロッパ、単なるフィクションだと思って見ると大間違いで、細部において本物だったりもするんですよね。外国人が読んでもあんまり違和感がないようで、大人も、現地の人も納得させられる力があるわけです。

けれども、マンガの本当の良さはやっぱり「つくりもの」だというところにあって、たとえば、大友克洋先生があのリアルな画力で、「AKIRA」みたいな非現実的なSFを描いてくれるから楽しい。僕にとっては、そういう「ウソ」がマンガの大きな魅力なんですね。この本物とウソのバランスが絶妙にとれている作品が良い作品なんだと、僕は思っています。

増山法恵さんと「神の子羊」

「24年組」の作家さんたちの作品の細部がすごく本物だというのは、おそらく竹宮先生のプロデューサー的な立場だった増山法恵さんの影響も大きいと思います。僕が学生時代に、下井草の文房具店で偶然出会った、あの増山さんです。

増山さんは、竹宮先生や萩尾先生らが一時期大泉の2階建ての長家に同居していたときに、向かいの家に住んでいて、その手配から何からやったという人ですが、彼女はもともとクラシックのピアニストを目指していたんですよね。幼い頃からピアノの英才教育を受けていたのですが、自分には世界で活躍できるような才能はない、と悟ってあきらめたということです。

増山さんはマンガも大好きな人で、クラシック・ピアニストの夢をあきらめたあと、萩尾先生（もともとは萩尾先生の文通友達だった）や竹宮先生らと知り合って、最初は仲のいいお友達として作品の感想を語ったりしていたようですが、映画にしても、文学にしても、ものすごく博識な人だったので、そのうち作品づくりのアドバイスなどもするようになりました。

増山さんが育ったクラシックの世界というのは、本当に本物じゃないとダメ、という厳しい世界ですから、彼女には本物に対する強いこだわりがありました。

たとえば、あるとき、竹宮さんが映画音楽のレコードを買って聴いていたら、

「この〇〇オーケストラというのは、素人向けの偽物だよ」

「あんなクズレコードを聴いていないで、正式なサントラ盤を買いなさい」

と言って、ダメ出しされたそうです（笑）。

「ケーコタン（竹宮さん）たちはものを知らないから簡単にだまされちゃう」

と、増山さんにあれこれ厳しいことを言われ続けた結果、ついにはクラシック・ファンからツッコまれても大丈夫な作品を描けるようになりました。

のちにエルメスの社史（「エルメスの道」）までマンガで依頼されるようになるのだから、やっぱり竹宮先生は「本物」だった、というわけですね。

実は増山さんも高校生の頃はマンガを描いていて、見せてもらったことがありますが、原稿を見ると、結構いいんですよ。でも、竹宮先生や萩尾先生と比べたら、やっぱり違う。そういうことが、増山さんにはすぐにわかってしまったんだと思います。本物を見分ける目がすごい人だったから。それで、ピアノと同じように、早々に筆を折ってマンガも描かなくなりました。

でも、増山さんという人には、プロデューサー的な才能があったんですよね。大泉に集

まったマンガ家の卵たちに、小説や音楽などのいろんな知識を教えて、映画館、美術館などさまざまなところに連れまわしたそうです。

「少年愛」や「男子寄宿舎もの」みたいな「24年組」の定番的なモチーフは、ヘッセや稲垣足穂の作品などが大好きだった増山さんの熱心な宣伝によって、周囲に広まったという側面もあります（「少年愛」という言葉も、そもそも稲垣足穂の本『少年愛の美学』から来ています）。竹宮先生の自伝（『少年の名はジルベール』）を読むとよくわかりますが、「ファラオの墓」や「風と木の詩」への、増山さんの貢献・影響も大変大きなものだったと思います。

結局、増山さんは竹宮先生の作品づくりのパートナーのような存在になりました。竹宮先生のプロダクション「トランキライザー・プロダクト」でプロデューサーとして活躍し、

稲垣足穂『少年愛の美学：A感覚とV感覚』。河出文庫

ヘルマン・ヘッセ『車輪の下』。新潮文庫。ハンス・ベンラート少年の神学校での寄宿舎生活と苦悩を描いた作品

「変奏曲」の原作なども手掛けています。

しかし、こうした増山さんの役割は、初めの頃は周囲には理解されませんでした。僕とか、小学館で「24年組」の作家たちを育てた（とも言われる）山本順也編集長みたいな編集者は、増山さんの果たしていた役割を知っていましたが、事情を知らない人からは、増山さんは「竹宮さんの傍にいる、よくわからないヒト」だと思われていたみたいです。

増山さんも自分の名前を表に出そうとせず、僕が下井草の文房具店で初めて会ったとき、「アシスタントの方ですか？」と訊く僕に、少し考えて「……友人です」と答えたのは、自分でもどう答えていいのかわからなかったからだと思います。原作を務めた「変奏曲」も、増山さんの意向で、連載中も、（初期は）単行本にも名前を載せていないくらいでしたから（のちに、原作者としてクレジットを入れるようになります）。

当時は、「原作つきのマンガ」というのは、ランクが低いみたいな扱いをされがちだったこともあります。だから増山さんは、あえて名前を前面に出さずに裏方に回って、竹宮さんの作品づくりを助けていました。サイン会の演出とか、ファッションなどのファンに対する「見え方」に関しても、あれこれアドバイスしていたと思います。「いかにスターを作り上げるか」というプロデュース能力にも長けていたんですね。

増山さんは、ささやとも仲良しでした（ちなみに、ささやななえの愛称は「ナナエタン」でした）。

最初は『JUNE』で少年合唱団に関するエッセイやコラムを書いてもらったり、座談会に参加してもらったりしていたのですが、あるとき、

「小説を連載してもらおう」

ということになりました。それで始めたのが、「神の子羊」という作品です。

「神の子羊」は「風と木の詩」の続編的な内容の小説なのですが、面白い裏話は、このときに竹宮先生が、自分が増山さんにされたことをそのままお返ししたことです。

増山さんはクラシック出身なので、自分にも他人にもめちゃくちゃ厳しくて、口が悪いんですよ。すごい毒舌家なんです。しかも、クラシックの修行をしてきたせいで、体育会系のところがある。「できて当たり前、できなかったらダメ」というのを、さんざん竹宮

のりす・はーぜ（増山法恵のペンネーム）による『神の子羊』（光風社出版、全3巻）。『JUNE』誌上で3年以上にわたって連載された

竹宮恵子／増山のりえ・原作『変奏曲』（中公文庫コミック、全2巻）

先生にやってきた。

ところが今度は、竹宮先生が増山さんに「こんなんじゃダメ」とダメ出しをする立場になったわけです。そうしたら増山さんは、

「ケーコタン、もっと優しく言って」

とか泣きを入れた。さんざん人に厳しく言ってきたのに、自分のことには打たれ弱かったという（笑）。

増山さんという人は本当に才能が豊かで面白い人なんです。でも、「神の子羊」を書いているときは、目指すところが高いから大変で、

「気軽でいいんですよ」

と言ってもぜんぜん納得してくれない。この時のお手本は、たしか三島由紀夫でした。やるからには本格的なものを書きたいと苦しんでいる増山さんに向かって、僕は、

「もっと改行を多くしていいですから！」

とか、ずっと言っていました（笑）。

でも、結果的に作品は本当にいいものができました。小説家としてもすごく力量のある方です。増山さんはその後、角川ルビー文庫で『永遠の少年』などの小説作品も上梓しました。

『小説JUNE』の創刊

さて、「神の子羊」は小説の連載でしたが、もともと『JUNE』はマンガ以外にも活字のページを多くとっていました。これにはマンガの原稿料が高いから、という理由もありましたが、ほかにも『JUNE』は一般的なコミック誌に比べて薄い雑誌だったので、文字で濃くして少しでも読む時間を長くしておきたい、という事情もありました。マンガだけであのページ数（160ページ前後）だとあっというまに読み終わってしまいますから。

マンガは短編しか載せられませんでしたが、小説のほうはたくさん書いてくれる作家さんがいたり、投稿もよく来るようになったので、そのうち『JUNE』本誌のスペースだけでは載せきれなくなってしまいました。それで復刊の1年後くらいに、『小説JUNE』という兄弟誌を出すことにしたんです。

『JUNE』のブレーンでもある中島梓さんは、いうまでもなく売れっ子小説家・栗本薫でもあります。「24年組」の作品も、どちらかというと文学的な香りのするマンガですし、読者的にも小説誌は合うのではないかと思いました。

女の子のためのちょっと危険な文芸誌——だけど、「文学」というのはやっぱりおこがましい気がしたので、キャッチコピーは「今、危険な文字にめざめて」にしました。

こうして１９８２年10月に『小説ＪＵＮＥ』がスタートします。第５号までは季刊で、それ以降は隔月雑誌になりました。『ＪＵＮＥ』本誌はもともと隔月刊だったので、毎月、小説誌と本誌が交互に発行されるという仕組みになりました。小説誌らしく、一回り小さいＡ５判にして、ページ数も３００ページ近くの厚い小説誌になりました。『ＪＵＮＥ』本誌のほうでも、相変わらず小説は載せ続けていたのですが、『小説ＪＵＮＥ』のほうでも少しだけマンガを入れるようにしました。文字ばかりだと読者も疲れてしまいますし、絵があったほうがいいと思ったんです。長いことこの2誌の隔月体制が続いて、小説誌を「小ジュネ」、本誌のほうを「大ジュネ」と呼ぶようになりました。

中島さんに『ＪＵＮＥ』本誌のほうで連載をしていただいていた「中島梓の小説道場」（中島梓道場主が投稿小説の講評をする連載）からは、たくさんの『小説ＪＵＮＥ』の書き手が輩出

1982年10月の『小説JUNE』創刊号。このときも『劇画ジャンプ』増刊としてスタートした。隔月刊となってからは、毎月『JUNE』本誌と交互に刊行された

されると共に、他社から単行本が出る売れっ子の作家さんも生まれました。「小説道場」出身作家の出世頭は「富士見二丁目交響楽団シリーズ」で有名な秋月こお（たつみや章）さんです。初期の「富士見二丁目交響楽団シリーズ」は『小説ＪＵＮＥ』連載の単行本化です。「富士見二丁目交響楽団」では『ＪＵＮＥ』連載時から、「ケーコタンのお絵描き小説」出身の西炯子さんに挿絵を描いていただきました。榎田《えだ》ユウリ（尤利）さんや江森備《えもりそなえ》さん、深沢梨絵さんなども「小説道場」の出身者です。

『小説ＪＵＮＥ』で何度も書いてもらった吉原理恵子さんは、「小説道場」の連載が始まるよりも前に『ＪＵＮＥ』に投稿して下さったことがご縁です。彼女の大ヒット作「間《あい》の楔《くさび》」も『小説ＪＵＮＥ』の連載でした（漢字が読みにくかったようで、読者からは「まのちぎり」と読まれていました・笑）。

榊原史保美さんも「小説道場」出身ではなく、それよりも前、ちょうど『小説ＪＵＮＥ』創刊号の台割を検討しているときの、たまたまの持ち込みでした。

覚えているのは、持ち込みに来た榊原さんが櫻木さんと話しているところに、僕が行って、見たら、４００字詰め原稿用紙にすごい達筆で書かれた原稿だったということです。字を見ただけで「これは絶対いける！」って思ってしまうくらいの達筆（笑）。その小説「螢ケ池」は読んだら内容も本当に良くて、創刊号に「最優秀投稿作」として掲載しました。

「小説道場」に投稿して下さっていた石原郁子さんは、その後、映画評論家になりました。映画評論家・作家の蓮實重彥さんが責任編集していた『リュミエール』という難しい雑誌にも寄稿したりして、単行本も何冊か出ましたけれど、残念ながら早くに亡くなられてしまいました。小説道場に投稿された短編は、「純文学」みたいな雰囲気で、中島さんも「別格だ」と絶賛していました。

「小説道場」の始まりは、中島さんの「まず、自分が読みたい」という耽美小説読者としての純粋な気持ちからだったと思います。三島由紀夫も赤江瀑《あかえばく》も、森茉莉《もりまり》もすべて読みつくして、

「世の中に耽美小説がぜんぜん足りない！」

「全部、自分のところに持ってこい！」

というモチベーションだったのでした（笑）。そうしたら世の中の耽美小説が増えるし、

junetopia
D.TAKAKURA
中島 梓の
小説道場
第一回

「中島梓の小説道場」。ここから多数のBL作家、ライトノベル作家が輩出された（1984年1月号）

中島さんも次々と新作が読めるし、一石二鳥じゃないか、ということで。

それで、当時、『週刊文春』で糸井重里さんがやっていたコピーライター養成の読者投稿（「糸井重里の萬流コピー塾」）をモデルにして、「中島梓の小説道場」を立ち上げたんです。「道場」と銘打ったのは、投稿の敷居をとにかく下げたかったのと、賞金が出せなかったからです（笑）。「中島梓賞」だと受賞者に賞金や賞品を出さないといけないけれど、「道場」だったら投稿者は「弟子」だから、逆に月謝をもらいたい。むしろ、

「月謝がない道場だから、お得ですよ〜」

という触れ込みで作品を集めるという作戦でした（笑）。

そうすれば新人の投稿はどんどん来るだろうし、中島さんは自分の読みたいものが読めるという「Win-Win」の関係が築けるのではないかと。

この目論見は大成功で、中島道場主は、すぐに作家を育てる快感にも目覚めて、自分のアドバイスで新人がどれくらい伸びるのか楽しみにするようになりました。

編集部員たちが道場の門番で、僕が門番頭《がしら》。まず投稿作を編集部員が読んで、そのあとに僕が読んで、ある程度数を絞っておく。それを選評と共に中島道場主に渡して、講評の原稿をいただく。そうすると、ある意味、答え合わせにもなり、編集者も勉強になるのでした。

こういうことを続けていると、だんだん僕たちも中島さんが評価する基準（幅が広い！）がわかってきて、「この作品は落としちゃいけない」とか、ある程度編集部で判断できるようになる。道場では、いつも目からうろこが落ちるような指摘があり、中島さんはやっぱりすごい人だと思いました。

小説とは、料理である

中島さんは「小説道場」で人に教えることに喜びを見出すようになって、連載が終わったあとも、実際に希望者を集めて個人的に小説教室をやっていました。10人くらいの少人数のクラスで、僕はそれにも付き合っていました。

中島さんは当時マスコミにも引っ張りだこで、TVなどのメディアにもよく出演していました。僕は中島さんとは大学生の頃からの付き合いですが、僕が知っている中島梓という人は、「中島梓／栗本薫」としてメディアに出ているときと、ほとんどイメージに落差がない人でした。聡明で、論理的で、てきぱきとしゃべる隙のない人。それでいて、ユーモアを欠かさない人。

でも、中島さんが膵臓癌《すいぞうがん》で亡くなってずいぶん経ってから書かれた、夫（で編集者）の今岡清さんの本（『世界でいちばん不幸で、いちばん幸福な少女』）を読むと、自宅ではぜんぜん違っていたのでした。今岡さんの本の中には、とても繊細で弱く、傷つきやすい「少女」「子ども」のような中島さんの一面が描かれています。

僕たち編集者や外側に対しては、中島さんは決してスタイルを崩さずに、弱みを見せない人でした。最初に癌になったときも、僕には教えてくれなかった。いつの間にかなって、いつの間にか治していました。

中島さんと初めて会ったときは、新進気鋭の評論家としてばりばり世に出始めたときでした。小説家・栗本薫としても「ぼくらの時代」で江戸川乱歩賞をとって、大活躍する。小説は頼まれなくても書く人で、けっこう書きためがあったみたいです。公表されていない作品がたくさんありました。

短歌も音楽もやれば、家事も子育ても全部こなす。とにかく「何かしていないとダメな人」で、止まれないタイプなんですよね。

料理だけでも、農文協が出している地方料理をまとめた分厚い50巻くらいの全集を読破していて、しかもつくってみている。とにかく何かをつくるのが好きな人で、たぶん、小説も料理と同じなんですよね。

今岡さんも著書の中で、中島さんの料理熱とものづくり熱との間に通じるものがあると書いていましたが、僕も同じように感じます。たしかに小説教室も料理教室みたいな趣《おもむき》があったんですよね。

10人規模の小説教室では、その場で当人に全部アドバイスしていくのですが、中島さんの小説の指導の仕方というのはまるで、

「この素材を活かして料理をつくるには、これはいらないよ」

「不必要なものを加えると、味が壊れるよ」

というふうなんです。

だから、腕のいい料理人が、ありあわせの材料でも美味しく料理をつくるみたいに、ササッと小説もつくれてしまう。冷蔵庫の残り物でも、高級食材じゃなくても、いくつかの要素があれば小説ができちゃうし、やっている途中でストーリーの味つけも臨機応変に変えられる。

でも、驚いたのは、ミステリ小説を犯人を決めずに書き出すということです。本人がわからないんだから、読者に犯人がわかるわけがないですよね（笑）。

僕の知っている中島梓というのは、そういう人でした。

他社を巻き込んで、シーンが生まれた

『小説JUNE』の投稿作や中島さんの「小説道場」からすくすく伸びて、いい小説はどんどんたまっていくのですが、前にお話ししたように、サン出版は単行本をほとんど出さない会社だったので、どれも本にはできませんでした。

これはとても残念だったのですが、そのおかげで「BL業界」みたいなものが早く出来上がるきっかけになったのかな、とも思っています。

サン出版では単行本は出さないし、作家さんが他社で書くのもぜんぜんOKでした。いわゆる「専属」「囲い込み」をしない（できない？）会社だったんです。だから、「小説道場」で鍛えられた人たちが、他誌で小説を書いたり、『JUNE』の連載を他社が単行本化するようになったのです。

『JUNE』で独占しなかったから、結果的に業界が早くできたのだと思います。最初、角川のスニーカー文庫でBL的な傾向の作品を出し始めて、のちにルビー文庫ができるのですが、作家さんの仲介を中島さんと僕でしていました。

もともとは、角川さん的には中島さんだけが欲しかったみたいなんです。でも、中島さんとしては「小説道場」で新人の投稿が盛り上がっていた時期だったので、発表の場を増

やしてあげたいという気持ちがありました。

そこで、「小説道場」の投稿作家と編集者のお見合いみたいなものをセッティングしたのです。中島さんの各社の担当編集者を集めて、新人作家さんたちと一緒に食事会みたいなものを開いたんです。でも、当時は、各社の編集者にこういうものがわかる人はいなかったので、皆さんあまり興味がないというか、

「中島さんに呼ばれたからきたけど、どうしたものか……」

みたいな感じでキョトンとしていました（笑）。

その中で、まず角川さんが、興味を持ってくれたんですよね。最初は中島さんと抱き合わせというか、「新人の本も出せば、中島さんも書かざるを得ないだろう」みたいな目算で、たぶん企画を通したのでしょう。

書き手の人たちはまだ「小説道場」に投稿している状態ですから、当時はみんな素人でした。それで万が一赤字が出ても、中島さんが売れれば採算がとれるだろう、と考えたのだと思います。

そうしたら、中島さんとのバーターみたいにしてデビューさせた新人の作品が、なんと売れてしまった。角川のそういう結果を見て、各社次々とＢＬ作品を出すようになっていきました。それから『ＪＵＮＥ』にたくさん書いているけれど、サン出版では出せなかっ

た作品を、他社で単行本化する流れができたんですよね。偶然と言えば偶然ですけど、必然と言えば必然です。『小説ＪＵＮＥ』で連載していた秋月こおさんの『富士見二丁目交響楽団』も角川ルビー文庫から出版されました。

「『ボーイズラブ』小説の変化と現在」という論文の中で、研究者の藤本純子さんが、90年代前半のルビー文庫のラインナップのどれくらいが『ＪＵＮＥ』連載だったかを調べて下さっているんですけど、それによればなんと半分くらいが『ＪＵＮＥ』の連載だったようです。ルビー文庫が『ＪＵＮＥ』の出版部みたいになっているという（笑）。

こういうふうに、『ＪＵＮＥ』の出版部は外側に、他社にあったんです。営業からの圧力で（?）サン出版も出版部をつくって『ＪＵＮＥ』の関連本を出すことになりますが、これはもっとあとになってからのことです。

でも、角川などの大手出版社が文庫や単行本を出してくれたから、たくさん売れたという側面はあると思います。やはり、営業力がぜんぜん違いますからね。サン出版の営業は、少人数でたくさんの雑誌を扱っていたので、本当に大変だったと思いますよ。だから、「新人が生まれて、ある程度育つところまでが『ＪＵＮＥ』で、拡散は他社がやる」といった棲《す》み分けに、自然となっていきました。

栗本薫さんと吉田秋生さんの『終わりのないラブソング』も、『ＪＵＮＥ』で連載したものがルビー文庫で書籍化されたものです。

ごとうしのぶさんの今に至るまで続いている人気作「タクミくんシリーズ」も、『小説ＪＵＮＥ』で掲載していたものからルビー文庫になりました。

ごとうさんが『ＪＵＮＥ』に作品を投稿していた頃は、読者から賛否両論あって、「ちょっと軽い」という意見もありました。『ＪＵＮＥ』は「耽美」系の雑誌のイメージになっていたので、今のＢＬと違って重たい話、悲劇みたいなもののほうが、読者に人気があったんですよね。

ごとうさんの「タクミくんシリーズ」はほかと比べるとライト気味の話でした。また、秋月さんの『富士見二丁目交響楽団』も悲劇ではありません。これらの作品は、むしろ今

秋月こお・作／西炯子・絵『さまよえるバイオリニスト』(富士見二丁目交響楽団シリーズ)。角川ルビー文庫

ごとうしのぶ・作／おおや和美・絵『そして春風にささやいて』(タクミくんシリーズ)。角川ルビー文庫。

のBLに先駆けているようなところがあって、ルビー文庫で出て大ヒットしました。

こんなふうに『小説JUNE』からは数々の人気作家さんが生まれ、雑誌としても成功して、途中からは『JUNE』本誌よりも売れるようになりました。

ライトノベルの始まり

思い返せば、『JUNE』や『小説JUNE』に掲載されていた小説は、今でいうラノベ（ライトノベル）のはしりでもあったのかな、と思います。

と言っても、90年代前半になるまでは「ライトノベル」という言葉自体が存在していなくて、漠然と「ヤングアダルト」などと呼ばれていました。だから、「新しい小説ジャンル」というような特別な意識があったわけではありません。偶然というか、時代の必然というか、なりゆきでそうなった、と言ったほうがいいかもしれません。

最初は単純に、マンガのような面白さの小説、あるいは中島さんが好きだった森茉莉や赤江瀑、三島由紀夫みたいな「耽美」系の作品を、

「プロの文学ではなく、素人の投稿作品でやっても面白いのではないか」

というのがきっかけです。

あとは、図書館でも読める名作文学だけど、読みやすくて、ちょっと「男同士」「美少年」的な雰囲気のある小説――ヘルマン・ヘッセの作品やマルタン・デュ・ガールの『チボー家の人々』（『チボー家のジャック』）など――が念頭にありました。これに『ルパン対ホームズ』のような推理もの、SF作品、そして何より少女マンガ。このあたりの想像力が混じり合って、自然と『JUNE』の小説が出来上がっていきました。

ライトノベルの始まりで言うと、朝日ソノラマが重要だったと思います。朝日ソノラマは「サンコミックス」というレーベルで良いマンガをたくさん出していて、僕の憧れの出版社だったというお話は前にしましたけど、「ソノラマ文庫」というレーベルを1975年に立ち上げていました。たしか最初は石津嵐さんによる『宇宙戦艦ヤマト』のノベライズだったと思います。そのあと、高千穂遙さんの『クラッシャージョウ』がヒットして、その挿絵は安彦良和さんが担当していました。

このあたりから「文学」でも「中間小説」（純文学より娯楽性が高く、大衆小説とも異なる中間的な小説のこと）でもない、「青少年向けの文学でイラストが必ずついている」という小説のスタイルが定着していきます。特徴は、挿絵画家（イラストレーター）によって売れ行きがぜんぜん違うということですね。たとえば、安彦先生の絵が入っているか入っていないかで、がらりと売れ行きが変わるんですよ。

80年代に入ると、このソノラマ文庫から菊地秀行さんの『吸血鬼《バンパイア》ハンターD』が出て、挿絵を天野喜孝さんが手掛けることになります。天野喜孝さんはもともとタツノコプロのアニメーターですが、イラストレーターとしても活躍して、その後、『ファイナルファンタジー』のキャラクターデザインにまでつながっていきます（余談ですが、同じようにアニメーターからイラストレーターになり活躍した、いのまたむつみさんに『JUNE』の表紙絵をお願いできたのは良い思い出です）。

朝日ソノラマよりも前には、少女向けの「挿絵のあるライトな読み物」として、「ジュニア小説」というジャンルがありました。集英社は吉屋信子さんの「少女小説」の伝統に連なってか、少女を読者対象にした『小説ジュニア』という雑誌を出していました。小学

高千穂遙『クラッシャージョウ：連帯惑星ピザンの危機』ソノラマ文庫。1977年。イラストは安彦良和が務め、1983年には安彦良和初監督作品としてアニメ映画化もされた

菊地秀行『吸血鬼ハンターD』ソノラマ文庫。1983年。挿絵を務めたのは天野喜孝。OVA化、コミカライズなどさまざまなメディアミックス展開がなされた

館にも『ジュニア文芸』という雑誌がありました。

初期の「ジュニア小説」の書き手は、富島健夫や赤松光夫など、なぜか男性の官能小説家が多かったのですが、そういう作家たちがティーンの少女向けに、青春小説、恋愛小説なども書いていたんです。

いのまたむつみが表紙を担当した『JUNE』1988年9月号。その後、アニメ『ブレンパワード』やゲーム「テイルズ・オブ」シリーズのキャラクターデザインでも活躍した

でも、そのときの挿絵は、いわゆる「画家のアルバイト」というか、マンガ的なイラストというよりも、写実寄りの作品でした。作家も娯楽小説・官能小説などを手掛けながらも「文学的な素養」を持つ人たちが多かったんですよね。

たとえば川上宗薫《かわかみそうくん》は多くのジュニア小説を手掛けていますが、川端康成、吉行淳之介などと交流のあった文学者ですからね。そういう意味では、「ジュニア小説」は、朝日ソノラマのソノラマ文庫とはまた雰囲気が違っていました。

ちなみに、集英社の『小説ジュニア』が廃刊になったあと、80年代にその後継誌として

『Cobalt（コバルト）』が創刊されます。この『Cobalt』の看板作家の一人が氷室冴子さんですが、氷室さんは『小説ジュニア』の新人賞でデビューされた方です。こういう「ジュニア小説」からの流れが、今も続く集英社の「コバルト文庫」ということになります。

このコバルト文庫、ソノラマ文庫から遅れて、80年代末にできたのが角川書店の「スニーカー文庫」と、富士見書房の「富士見ファンタジア文庫」です。先にお話ししたように、『JUNE』の作品は角川でたくさん書籍になり、1992年にはスニーカー文庫からBL系のラインを独立させたルビー文庫が立ち上がりました。たしか、「ライトノベル」という言葉が使われ始めたのは、ちょうどこの頃だったと思います。

よく考えてみると、中島梓さんにせよ、『小説JUNE』の創刊前に持ち込みをしてくれた吉原理恵子さんにせよ、みんな憧れの職業はマンガ家だったんですよね。もともとマンガ家に憧れていたけれど、プロになるような画力まではなくて、むしろ文字を書く方に才能があった。

『JUNE』『小説JUNE』に小説を投稿してくれた新人さんたちも、マンガ家に憧れを持った人たちが多かったんです。だから、作品にマンガ的なイラストレーションを入れることはとても自然なことだったんですよね。

『JUNE』は、「ジュニア小説」と「ライトノベル」の間の時代に創刊された雑誌だったので、創刊号には、竹宮惠子先生のイラストつきの小説と、（『劇画ジャンプ』や『さぶ』でもご活躍されていた）石原豪人先生の挿絵つきの小説が両方一緒に載っているというのが、時代をよく表していると思います。

石原豪人先生は、「江戸川乱歩シリーズ」の挿絵画家であると同時に、林月光という名義で官能イラストレーションも手掛けていた方ですから、まさに「中間小説」や「ジュニア小説」に近い流れにあるお方だったんですよね。

原稿料の出る同人誌？

70年代末に創刊された『Comic JUN』（＝『ＪＵＮＥ』）は、一度の休刊を経て、81年に復活して以降、順調に刊行が続き、気が付けば80年代を通して『ＡＬＬＡＮ』などの他社の類似誌も次々と出始め、「ＪＵＮＥ」的なジャンルがだんだんと広く認知されるようになっていきました。

90年代前後になると、大手も同じようなコンセプトの作品を載せ始めます。最初、「大手はこんな専門誌はできないだろう」と思って始めた「ニッチ」産業のはずが、いつの間にか結構大きな分野になっていたのです。

かつては、少女マンガ誌で「男同士」「少年愛もの」は編集者から忌避されていて、なかなか日の目を見ませんでした。その壁を打ち破ったのは、竹宮先生の「風と木の詩」など、「24年組」の諸作品ですが、それでも『JUNE』のような「専門誌」というのは、普通はありえないことでした。

当時は、少女マンガの雑誌の中に、1、2作品そういう傾向のものがあれば、スパイスとして十分で、あまり沢山は載せられませんでした。たとえば、『少女フレンド』の中に、楳図かずお先生のホラーマンガが1本入っているからパンチがあるのであって、何作もそれで固めたらホラー雑誌になってしまう、というのと同じです。

昔の感覚で言うと、雑誌というのは「幕の内弁当」で、栄養が偏らないようにいろんなおかずが入っているのがセオリーでした。『JUNE』はそのセオリーを崩しながらニッチなところを狙った雑誌でしたが、いつの間にか世の中が「お弁当全部BLでいいじゃないの」というところまで来ていたんですよね。これは、正直誤算でした。

他社と真正面から勝負することになったら、原稿料から何から、とても『JUNE』では太刀打ちできません。『JUNE』では予算の制約があって、短編しか載せられないし、次第に分厚い競合誌も増えて、「マンガではとても敵わない」ということになってしまいました。それで、90年代の『JUNE』本誌はとても苦しい立場に置かれてしまいました。

『JUNE』がいかに手弁当の貧乏な雑誌だったかというのを象徴する、面白いエピソードがあります。類似雑誌がたくさん出始めたときに、他社の編集者が作家さんを引き抜くために、思い切って、

「うちは『JUNE』の2倍出しますから！」

と言ったことがあったそうです。でも、そもそも『JUNE』は碌《ろく》な原稿料を出せていなかったので、倍もらっても世間の平均に届かない……たいしてメリットもない。だから、「2倍」と言われても作家さんも失笑するほかなかった、という話です（笑）。

『JUNE』が始まった当初、新人作家さんたちは、

「同人誌なのにお金がもらえる」

というような感じでした。実際に、知り合いの同人作家に何人も声をかけていましたし、原稿料があまり出せない中でどうやりくりするのか、というのが大前提の雑誌だったので、新人発掘や同人作家に力を入れていたという事情があります。

だから、『JUNE』に作品が載ったというのは、「商業デビュー」とはみなさない、という大手出版社もあります。単行本の袖の作家さんのプロフィール欄に「『○○』（大手少女マンガ誌）でデビュー」と書いてあるけど、実はその前に『JUNE』に掲載されたことがある、という作家さんも結構います。

一応『ＪＵＮＥ』も、原稿料がないというわけではないので「商業デビュー」と言えなくもないのですが、まあ『ＪＵＮＥ』は「お金の出る同人誌だった」というのでもいいかな、と思っています（笑）。

第５章

ハッピーエンドは自分でつくる

拡散するBLと『JUNE』の休刊

三ツ矢雄二さんと出会い、日本初のＢＬボイスドラマをつくる

サン出版で、ようやく『ＪＵＮＥ』の関連作品が単行本で出せるようになったのは、１９９０年代半ば頃のことです。僕が『ＪＵＮＥ』『小説ＪＵＮＥ』の編集長をしていたのは、１９９４年頃までで、その後、出版部というセクションに移っています。この少し前に、発行元はサン出版からマガジン・マガジンに移動しています（マガジン・マガジンはサン出版が経営していた子会社みたいな感じです）。

出版部に異動したあとは、『ＪＵＮＥ』本誌や『小説ＪＵＮＥ』の編集現場からは離れて、ときどき意見を言うくらいになりました。取材先によっては一緒についていくこともあるという感じで、ときどき手伝って、あとは若手がつくっていました。

１９９５年から『ＪＵＮＥ全集』という『ＪＵＮＥ』『小説ＪＵＮＥ』に掲載された作家さんたちの小説をまとめた豪華本を刊行するようになりましたが、それは出版部時代の仕事です。遅ればせながら、ようやく『ＪＵＮＥ』に掲載されてきた作品を自社で書籍に

できるようになったのには、感慨がありました。

『JUNE全集』は、函入りの全12巻の豪華本で、「図書館には置いていない〝全集〟もある」というのがキャッチコピーでした。通販のみの販売で、とてもよく売れました。

僕が出版部に配属されることになったのは、その前に『JUNE』の派生物として手掛けたカセットテープ（「カセットJUNE」）の売り上げが良かったこともあると思います。それで、徐々に『JUNE』本誌よりも、その派生物のほうをやれ、ということになっていきました。カセットテープというのは、もはやレトログッズの域だと思いますが、今で言う「ドラマCD」や配信のボイスドラマみたいなものです。

最初に手掛けたカセットは、『鼓ケ淵《つづみ ふち》』というBL的なボイスドラマでした。これは『JUNE』で書いてもらっていた、三田菱子さんの同名小説のドラマ化で、主演の二人は三ツ矢雄二さん（雅美役）と鈴置洋孝さん（洋一郎役）でした。

三ツ矢さんとお仕事できたことは、とても運が良かったと思います。当時から三ツ矢さんは大スターで、何枚もレコードを出したり、ライブにも力を入れていて、最初のアイドル声優のお一人でした。ただ、タイミングのいいことに、お仕事を依頼した時期が、ちょうどそのブームが下火になったときだったんですよね。

三ツ矢さんも、それまでの尋常ではない忙しさが落ち着いてきて、ちょうど暇ができて

いたみたいです。その頃に、依頼した音響制作会社の人が連れて来て下さって、三ツ矢さんを紹介されました。音響監督さんから、

「三ツ矢は脚本も書けますよ」

と言われて、

「ぜひ、ぜひ！」

とすぐに脚本と主演をお願いしました。

そうしてできたのが『鼓ケ淵』のドラマ・カセットです。そのときに、相手役にキャスティングされたのが鈴置洋孝さんでした。鈴置さんのキャスティングは、素晴らしい人選だったと思います。

実は、このカセットに「構成・脚色」としてクレジットのある「花枕《はなまくら》 桃次《ももじ》」というのが、三ツ矢さんなんですよね。この音声ドラマの脚本も三ツ矢さんが手掛けて下さっていたわけです。

「花枕桃次」というのは、占いの方がつくったペンネームだったそうですけど、僕は最初、失礼にも、

「なんか、売れない旅芸人みたいな名前ですね……」

と言ったんですよ。そうしたら、三ツ矢さんは、

「いや、夢枕《ゆめまくら》獏《ばく》みたいでいいじゃないですか」

とおっしゃっていました。でも、僕は今でも夢枕獏とはちょっと違うと思っています（笑）。三ツ矢さんと言えば、『タッチ』の達也役で有名です。そして、鈴置さんと言えば、『機動戦士ガンダム』のブライト・ノア艦長役をされています。それで「ブライトさんが攻め、タッちゃんが受け」という素晴らしい音声ドラマが出来上がりまして……というのは表面的なもので（笑）、実際にはお二人とも小説のキャラクターになりきっていただいて、感動的なやりとりが繰り広げられました。評判も良く、すごく売れました。

この最初のカセットが売れたおかげで、そのあと何本かボイスドラマのカセットテープが出せました。最初にお仕事をしたのが三ツ矢さんと鈴置さんという超大物だったおかげで、後輩の声優さんたちは断るわけにはいかなくなっちゃったんでしょう（笑）。本当にラッキーでした。

ありがたいなと思ったのは、制作会社も声優さんの事務所も、「官能系の仕事も教育テレビの仕事も、仕事としては同じです」という考え方だったところですね。逆に言うと、どの仕事でも（『ＪＵＮＥ』でも教育テレビでも）ギャラは全部同じなのですが、声優さんも音響制作会社も、『ＪＵＮＥ』のボイスドラマに誠実に取り組んで下さいました。

『ＪＵＮＥ』のスピンオフとしてボイスドラマのカセットを出し始めた頃（80年代末）は、

そういったものは周囲にほとんど存在しませんでした。あったのは、新潮社さんが出していた小説の「朗読カセット」。それと朝日ソノラマさんがやり始めていたくらいです。

朝日ソノラマは、もともとソノシートなどを出している会社（朝日ソノプレス社）だったので、ドラマ仕立てのカセットも先駆けてつくり始めていました。「ライトノベル」の先駆として紹介した、高千穂遙さんの『クラッシャージョウ』のドラマ・カセットが出ていたかと思います。

おそらく、「男同士」のボイスドラマというのは、「カセットJUNE」が日本で最初だったのではないかと思います。

その頃はソニーのウォークマン（カセット式のポータブル・オーディオ・プレイヤー）がとても流行していましたし、「耳で感じる情報」こそ、女の子にウケるという確信がありました。

僕は子どもの頃病弱だったので、よく熱を出して寝込んでいました。そのとき、枕もとのトランジスタ・ラジオで、放送劇（ラジオドラマ）をたくさん聞いていたので、「耳で聴くドラマ」というのは頭にあったんですよね。

ボイスドラマは絶対に当たる、と思っていました。アニメをつくるのはなかなか難しいけれど、ドラマ・カセットならいけるだろうと考えました。

ボイスドラマの『鼓ケ淵』は、書店で『小説JUNE』の隣に置いてもらえるように、

Ａ５判の函で出しました。当時のアイドル・グループが出していたカセットにＡ５判函入りのものがあったので、それを見本にしました。

その函にブックレットも入れる予定だったのですが、予算が足りなくてブックレットが入れられなくなりました。でも、函を決めてしまっていたので、ブックレット分のスキマのある変な厚さになってしまったのは、ちょっと残念でした。

『間の楔』と塩沢兼人さん

初回生産分（たしか５０００本）が予約だけですぐに埋まってしまって、さらに売れたので、社長から今度は直接通販にすると言われました。それで、「カセットＪＵＮＥ」の第２弾からは、

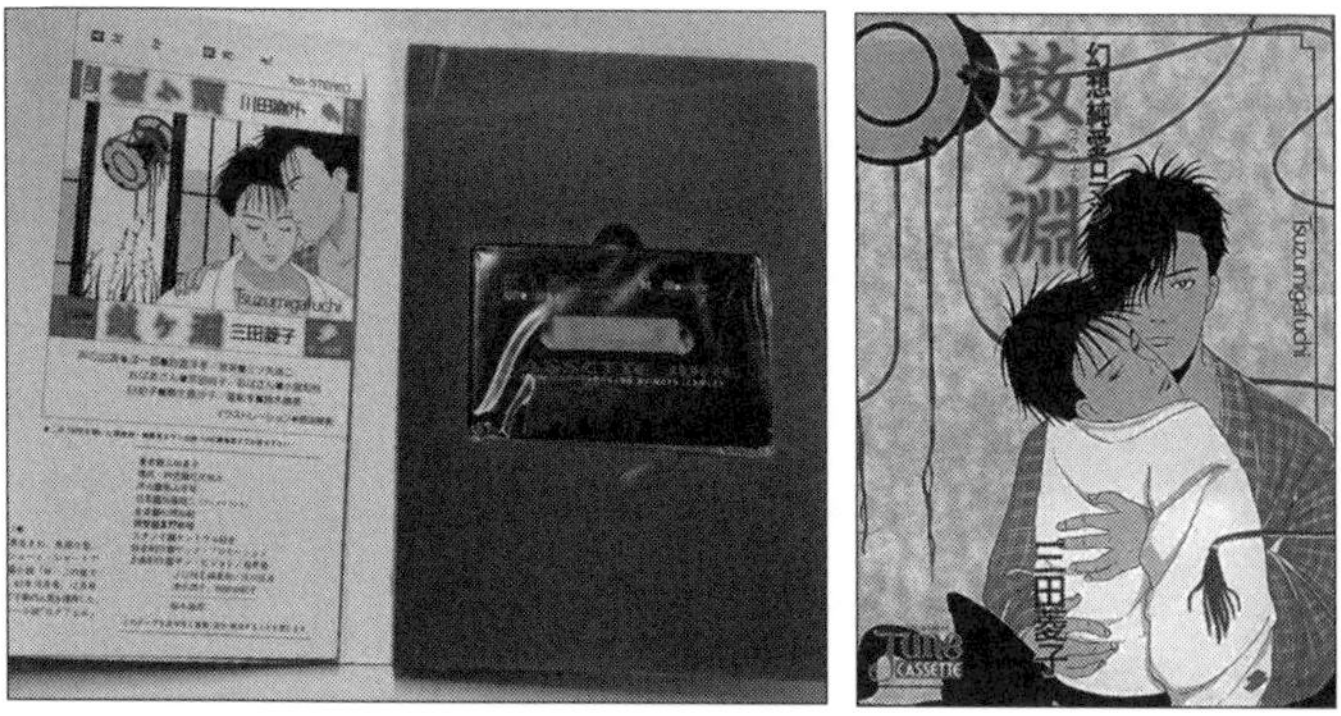

（右）：『幻想純愛ロマン鼓ケ淵』（カセットJune）の函。1988年。原作：三田菱子、イラスト：信田琴美、構成・脚色：花枕桃次、演出：藤山房伸、出演：三ツ矢雄二、鈴置洋孝ほか。録音制作：ザックプロモーション（左）：カセット本体

普通のカセットサイズで、書店に配本せず通販オンリーになりました。書店さんからクレームが来て、営業はすごく困っていました。

それが吉原理恵子さんの『間の楔』、続く第3弾はごとうしのぶさんの『そして春風にささやいて』、第4弾は尾鮭《おざけ》あさみさんの『舞え水仙花』、第5弾が神崎春子さんの『被虐の荒野』です。この4作品のボイスドラマの構成・脚本も、すべて三ツ矢（花枕）さんにお願いしました。

その後、他社も次々とボイスドラマを出すようになり、CDの時代になってからは「ドラマCD」がつくられるようになりました。

三ツ矢さんには「富士見二丁目交響楽団シリーズ」のボイスドラマCDの脚本もお願い

吉原理恵子『間の楔』（カセットJUNE）。1989年

ごとうしのぶ『そして春風にささやいて』（カセットJUNE）。1989年

していたのですが、お忙しくなって、アメリカからＦＡＸで原稿を送っていただいたりするようになりました。当時の通信料は、相当高かったはずで、とても申しわけなかったです。

吉原さんの『間の楔』のボイスドラマで、ブロンドの美形エリートにして、ブラックマーケットの支配者でもあるイアソン役を演じて下さったのは塩沢兼人《しおざわかねと》さんです。そして、イアソンの相手役のスラム上がりの黒髪の不良少年、リキ役を演じて下さったのは関俊彦さん。さらに、イアソンの親友ラウール役には『機動戦士ガンダム』でシャア・アズナブルの声を演じている池田秀一さんがキャスティングされました。

声優さんの事務所には最初、塩沢さんだけをイアソン役でお願いして、あとのキャスティングはお任せしていました。そうしたら、塩沢さん以外も人気声優さんを起用して下さり、このような豪華メンバーになりました。当時アニメで美形の悪役を演じて大人気だった塩沢さんは、予想通りイアソン役にぴったりとハマってくれて、このボイスドラマは大ヒットしました。

結果的に良かったなと思うことのひとつは、最初に『鼓ケ淵』をつくったときに、会社が音響制作費を、あちらの言い値で払ってくれたことです（笑）。

サン出版は、基本的には予算に厳しいマイナー出版社ですから、原稿料などのギャラは大手に比べると安かったんです。でも、声優ドラマについては業界の相場がまったくわからないから、「そういうものか」と、それなりに（たぶん）高い制作費をそのまま値切らなかったんですよね。これはありがたかったです。

『間の楔』は、カセットのあとに「DJ編」という企画をダイヤルQ2でやりました。ダイヤルQ2というのは、当時NTTがやっていた電話回線を用いた情報プラットフォームで、登録した業者がそのナンバーに電話をかけたリスナーに情報サービスを提供する、そのサービス料金が電話料金と一緒に請求される、という便利なものでした（かなり高額でしたが）。

もともとNTTは、電話相談サービスの窓口とか、有用なニュースの提供サービスみた

尾鮭あさみ『舞え水仙花』（カセットJUNE）。1990年

神崎春子『被虐の荒野』（カセットJune）。1992年

いなものを想定していたようなのですが、これが爆発的に流行ったのは「耳で感じるエロサービス」として、だったんですよね（笑）。儲かるので、そういうサービスを提供する業者の参入が目立ったんです。特定の電話番号にかけると、エッチな音声が聴ける、というので急速に広まりました。

そこでサン出版もこのサービスに乗り出します。「エロの総合出版社」としては、「これももちろんやるしかない」

というわけで、ダイヤルQ2にチャンネルをつくったんです。

サン出版のほかのセクションは、普通に「人妻のエッチな音声」みたいなストレートな官能サービスを提供していたのですが、『JUNE』編集部としては、『JUNE』のチャンネルはボイスドラマのスピンオフみたいなものがいいだろうと考えました。（昭和・平成の）女の子は、そもそも「電話」が大好きでしたからね。

それで「DJ編」と銘打って、「塩沢さん本人が、イアソンにインタビューする」という一人二役の体裁で、ラジオ番組のようなものを演じてもらったんです。

塩沢さんは最初一人二役で同時録音するのを嫌がって、アナウンサーとイアソンと別録にしたいとおっしゃっていました。でも、演出の藤山監督が試しに同時にやってみてほしい、と頼んで、やってもらったんです。

そうしたら、本人が意識を切り替えながら演じるので、ちょっと間ができるんですけど、それがかえって雰囲気が出て良かったんですよね。結局、塩沢さんはそのままやって下さって、とてもうまくいき、ファンの人がたくさん聴いてくれました。

エロ系のメディアから独特の文化が発生する、というのはよくあることで、とても面白いですよね。ボイスドラマもそのひとつで、定着しました（今のネットやゲーム文化などにもそういう面はあるかもしれません）。

OVA、メディアミックスにも手を染める

吉原理恵子さんの『間の楔』では、その後（1992〜1994年）、OVA（オリジナル・ビデオ・アニメーション）もつくりました。アニメは無理だろうと考えてカセットを企画したのですが、そのカセットがすごく売れたので、アニメもつくれという話になりました。

アニメ化の話は、宮坂社長（その頃は会長）から出ました。会長は、とても山っ気《け》のある人だったので、「これでなら一発当てられるんじゃないか」と考えたのだと思います。

僕は徳間書店の『アニメージュ』編集部にも（こっそり）出入りしてライターをしてい

たので、アニメの制作について訊いてみました。すると、

「ＯＶＡで良いクオリティのものをつくりたいんだったら、10分で１０００万円はかかるよ」

ということでした。

単純計算すると、60分のＯＶＡをつくろうとすると６０００万円かかるということですね。「６０００万……大丈夫かな……」と心配して報告したところ、なんと会長はＧＯサインを出したのです。普段は予算にシビアなのに、ギャンブルは好きだったんですよね（笑）。

制作費はサン出版が出資し、制作はＡＩＣ（アニメ・インターナショナル・カンパニー）です。販売はカセットと同じように『ＪＵＮＥ』での通販オンリーで。

『間の楔』OVA前編。1992年

『間の楔』OVA後編（完結編）。1994年。当時は通販限定のVHSとして発売された

それで前後編の60分のＶＨＳ（ビデオテープ）を２本つくって、定価が各１万３８００円。これが各１万本以上売れて、コストも無事に回収できました（のちにＤＶＤ１枚に収めてイタリア語音声と縮小版台本も加えて、出しました）。

イアソン役は引き続き塩沢さん、リキ役は関俊彦さんになりました。作画監督は『機動戦士Ｚガンダム』や『ＺＺ』の作監もしていた恩田尚之さんです。恩田さんは当時マッドハウスに出向して『魔界都市〈新宿〉』に携わっていましたが、もともとＡＩＣの方なので、そのご縁です。

監督は、最初、何度か変更になって大変でした。当時は男性監督ばかりだったので、ＢＬ系のドラマはまったくわからなくて、悩んでしまったみたいです。結局、前編の監督は、西森章さんがお引き受け下さいました。西森さんは職人肌の監督さんで、「女性ファンにモテるなら」と、仕事をして下さいました。後編は、（『イナズマイレブン』の）秋山勝仁監督が手掛けています。

ＯＶＡ版の脚本は、前編はＡＩＣのシナリオライターの方が書いているのですが、後編は、原作者の吉原さんに書いてもらいました。吉原さんは、カセットを最初につくったときに、

「声優さんが自分の書いたセリフをしゃべってくれる！」

という快感に目覚められたようです。

ドラマ収録の際には原作者も立ち会えるのですが、初めてセリフを読まれたのを聴いて、照れて笑い出したり、イケボに悶絶してしまう作家さんも多かったんですよね。立ち会っている担当編集者としては、

「コラコラ、自分の書いたセリフなんだから責任持ちなさい」

とツッコミたくなるわけですが（笑）、たしかに、このボイス体験はとても新鮮、強力なものでした。

面白かったのは、声優さんが吉原さんに作中に出てくるある熟語の読み方を尋ねたときのことです。当たり前ですけど、声優さんは台本に書かれているすべての文字を音読します。でも吉原さんは、読み方を訊かれて、

「ん？　考えてませんでした」

とおっしゃったんですよね（笑）。

何という言葉かは忘れてしまったのですが、漢字の見た目（字面）が優先の造語だったのでした。活字畑で活躍している作家さんならではの発想です。僕もびっくりして、

「作家さんって、文字フェチなのかな？」

と思ったものです。

そのときは、耳で聴いてすぐ意味が浮かぶ音ではなかったので、たしか、聴いてわかる別の言葉にしてもらいました。

ちなみに吉原さんは、『広辞苑』を最初の「あ」から読んでいて「間の楔」に出会ったそうです。皆さんもぜひ辞書を引いてみて下さい。

こういうふうに、声優さんの声と演技が加わって、小説だけのときとはまた違う存在感、魅力が生まれる、いわゆる「命が吹き込まれる」のです。吉原さんは、すっかりこの魅力の虜になり、後編の脚本を見事に書き上げてくれました。

吉原さんはその後、どんどんのめり込んで、ついには自費でドラマCDの続編まで制作するようになりました。

吉原さんは、単行本が角川からも徳間からも出ていて、売れっ子作家でしたから、1枚ごとに何百万円か自腹で払って、キャスティングも自分が関わって、たしか4、5枚ドラマCDをつくったんじゃないかと思います。それを通販で売って、制作費も回収できていたはずです。やりたいことをやりたい放題。これは印税の使い道としては非常に正しかったと思います(笑)。

僕のほかのメディア・ミックス系の仕事としては、吉田秋生先生の名作「櫻の園」の映画版の写真集(『映画写真集：櫻の園』)があります。これは『JUNE』の初代編集長の櫻木さんと僕の二人で、映画制作会社さんの全面協力で、スチール写真なども全部借りてつくりました。櫻木さんがものすごく力を入れて、印刷会社の、横尾忠則さんの画集と同じ担当の方を製版ディレクターに指名して、とてもいい仕上がりになりました。

塩沢兼人さんとの思い出

『間の楔』で塩沢兼人さんとお仕事をご一緒したときにびっくりしたことがあって、なんと塩沢さんのご自宅がうちの近所だったんですよね。それでご近所さんとしても仲良くなって、仕事が終わってからも、家族ぐるみでお付き合いするようになりました。

『映画写真集：櫻の園』。1991年

『小説JUNE』で連載していた栗本薫『終わりのないラブソング』のイラストも吉田秋生が担当していた

塩沢さんは人気声優だったので、とても忙しかったのですが、仕事が一週間空くとグアムなどの海がある海外に、パッと旅行に出かけて休むんです。塩沢さんの家は猫を飼っていたので、旅行中に猫の面倒を見てくれる人が必要になる。それで一時期、僕とささやが塩沢さんが留守中のキャット・シッターをしていました（笑）。ご飯をあげたり、トイレの世話をしたりするうちに懐いてくれて、僕の膝の上で眠ったりするようになって、嬉しかったです。

僕とささや、塩沢さんと奥様とで、箱根だったか、伊豆だったかの温泉旅行に行ったこともあります。車で旅行先まで行ったので、塩沢さんの家の猫ちゃんも一緒に。古い温泉旅館だったし、広い和室なら猫が多少動き回っても大丈夫じゃないかって。そうしたら、客室の押し入れから、猫が天井裏に入り込んでしまうという事件が起きました。猫ってすごいんですよね。好奇心が旺盛で、ちょっと開いていた天井板のスキマに跳び込んでしまった。

あのときは大変でした。みんなで心配して、

「外に出て行っちゃうんじゃないか……」

「ほかの客室に入り込んでしまうんじゃないか……」

と大慌てでした。

でも、塩沢さんの家の猫はいわゆる「マンション猫」で、あまり外に出たことがない子だったので、見知らぬ場所での冒険が自分でも怖くなったのか、少ししたら戻ってきて、布団の上で気持ちよさそうに寝ていました。それを見て、一同、

「よかった〜！」

と胸をなでおろしました。

塩沢さんは『間の楔』のOVAをとても気に入ってくれて、代表作の一つとして認めて下さっていました。面白かったのは、ほかの男性声優さんが塩沢さんの家に遊びに行ったときに、『間の楔』のOVAを見せられたらしいんですよね（笑）。男の声優同士で「男同士」のBL的な絡みのあるビデオを見せられるので、どうしていいかわからず、何だか困ってしまった、という話を聞いたことがあります。

塩沢さんとはそうやって仲良くさせてもらってい

（右）:『塩沢兼人MEMORIAL』のCD。2022年　（左）:『間の楔』OVAのDVD版。2002年。イタリア語版も収録。ボックスには塩沢さん所有の台本（書き込みあり）が復刻されて封入されている

たので、2000年に事故で急逝されたときは本当に悲しかった。塩沢さんが一人二役をやったダイヤルQ2の番組は、当時はQ2だけで提供していたのですが、塩沢さんの没後に追悼盤として『塩沢兼人MEMORIAL：間の楔／爪紅』というCDに収めることができました。

『エヴァ』のムック本をつくったときのこと

『JUNE』の派生物として印象に残っている本としては『新世紀エヴァンゲリオンJUNE読本：残酷な天使のように』というムックもあります。

『エヴァ』のTV放映が始まったばかりのときは、僕はまだ見ていなかったのですが、知り合いのマンガ家さんが何話分かダビングしたテープを僕に送ってくれて、熱心な布教を受けたんです（笑）。

見て、ものの見事に僕もハマってしまいました。編集の仕事で忙しくなってしまってからは、アニメのテレビシリーズを通して見るような時間は全然なかったのですが、宮崎駿監督の『未来少年コナン』（1978年放映）以来、約20年ぶりにテレビシリーズを全話見ました。

『エヴァ』には、謎の美少年・渚カヲルと主人公の碇シンジのカップリングがあります。

「これは当然『JUNE』の世界だ」

ということで、『小説JUNE』のスタッフと一緒に庵野秀明監督にインタビューさせてもらいました。

その後、このインタビューも再録してムックをつくろう、と考えました。当時、『エヴァ』の版権はガイナックスが管理していましたから（今はスタジオ・カラー）、ガイナックスに話を持っていくと、

「すぐに古本屋に売られてしまうような便乗本にはしないで下さいね」

という条件で、制作をOKしていただけました。もともと、『JUNE』『小説JUNE』という雑誌自体も、「読み捨て」にならないような内容にする編集方針でしたので、これは望むところといった感じでした。

編集部には有能な若手がいましたし、SFに詳しい編集者もいたので、彼らと一緒にとても濃厚な本ができました。本のカバーでは、エヴァのデザインのパロディをしています。「NERV（ネルフ）」のロゴと「JUNE」のロゴの相性がとても良くて、シンボルマークをパロディでつくっています。

この本のデザインは、楽書館の同人仲間で、サン出版を経てデザイナーになっていた

鈴木哲也くんにお願いしました。鈴木くんは同人仲間だった頃、周りからは「ガリ版の魔術師」と呼ばれていたぐらい製版やデザインが上手な人で、実はコミックマーケットの初期のポスターなども彼が手掛けています。

『新世紀エヴァンゲリオンJUNE読本』の目玉は庵野監督のインタビューに加えて「かおる×シンジ対談」が載っていることではないでしょうか。これは渚カヲルと碇シンジの架空対談、もしくは声優の石田彰さんと緒方恵美さんの対談かと思わせて、実はマンガ家の新谷かおる先生と和田慎二先生の対談なんですよね（笑）。お二人とも、熱烈なエヴァのファンでしたし、庵野監督自身もお二人のファンだったので、すんなり参加していただけました。さらに、新谷先生の奥様の佐伯かよの先生も。

「カセットJUNE」など、僕が雑誌の編集以外の仕事を手掛け始めたのは80年代の終わり頃、そしてOVAやエヴァ関連本などのメディアミックスに関わるようになったのは、

『新世紀エヴァンゲリオンJUNE読本：残酷な天使のように』のカバー見開き。『エヴァ』風のタイポグラフィーと「NERV」と「JUNE」が合体したロゴがあしらわれた装丁に注目。ブックデザイン・TAKE ONE（鈴木哲也）／STUDIO SOCO（児玉勇治）

90年代初頭から中頃にかけてです。

すでにお話ししたように、その頃から『JUNE』本誌や『小説JUNE』の仕事は若手に移す方向になり、『JUNE』の派生物のさまざまなメディアの編集が仕事の中心になってきました。

「攻め」と「受け」、あるいは『JUNE』とBLとの違い

僕が『JUNE』を企画した1970年代末には、こうして「男同士」をモチーフにしたボイスドラマやOVAの制作ができる時代が来るなどということは、想像もしていませんでした。90年代になると、いつの間にか「BL（ボーイズラブ）」という言葉が世間に広まり、現在にもつながる一大ジャンルへと成長し始めました。

これまで、『JUNE』はBLの元祖と言われるけれど、実際には「BL雑誌」とは少し違っていた、というお話をしてきました。そもそも90年代に入るまでBLという言葉は生まれていませんでしたし、より大きな違いとしては、『JUNE』には「受け」と「攻め」という概念が存在しなかったということがあります。

「受け」というのは、性的に受け身の役割を担うほうのキャラクターを指していて、「攻め」

というのは、その受け役を積極的にいじったり、責めたりする役割をするキャラクターのことを指しています。

BLがジャンルとして確立する前は、こういう役割分担みたいな意識はほとんどありませんでした。たとえば、『JUNE』のマンガ作品では、キャラクターやストーリーの都合で、どちらかが「攻め」や「受け」的な役回りを担うことになったとしても、あくまでそれはストーリー上やキャラクターの都合であって、それ自体は『JUNE』の世界を構成する主要な要素ではありませんでした。

「24年組」の作家さんたちも、どなたも「攻め」と「受け」というようなことは考えていなかったと思います。でも、BLにはまず「攻め」や「受け」のカップリング（関係性）が先にある、ということが多いですよね。

そもそも当時は、単純に「美少年」と「美青年」がいたら、美少年のほうが「受け」で当たり前だということがあったと思います。「美少年＝少女（が化身した姿）」だったわけですから、身長の低い「美少年」が受け役、背の高い年上の「美青年」が攻め役だというのは、暗黙のお約束みたいになっていました。

これが、BLの時代になってくると、どちらが「攻め」でどちらが「受け」なのか、というのが作品の重要な要素になってきます。この組み合わせでどうやって遊ぶのか、というのがＢＬの醍醐味《だいごみ》の一つみたいです。そうすると次第に「通常のパターンの逆の組み合わせがあってもいい」と、さまざまなカップリングが考えられるようになってきました。

このことに関連して面白いなと思ったのが、『間の楔』のＯＶＡをつくっていたときのエピソードです。僕は初め、「背の高い金髪のエリート、イアソンが男役。背の低い黒髪の不良少年リキが女役」だと説明していました。

でもＯＶＡの秋山監督があるとき、

「イアソンが女で、リキが男という解釈でもいいんじゃないの？」

とおっしゃったんです。

背が高くて社会的地位も上のイアソンが女性で、不良少年が男性。そうすると、イアソンは女なんだけど、ストーリー上の役割としては「攻め」になる。反対にリキは男なんだけど、役割としては「受け」になる。これはつまり、「頭が上がらない年上のお姉さまに、好きなようにされる」という見立てでどうか、ということです。

秋山監督が、「そういう解釈で声優さんに演技してもらうのもありなんじゃないか」とおっしゃったんですね。声優さんも「なるほど」と、その見立てのおかげかどうか、とてもうまくいきました。これは、当時の僕には目からうろこでした。

たとえば、身長の高低や社会的な地位の高低、髪や目の色、収入の差や性格の違いなどなど、キャラクターを構成するさまざまな要素があり、その組み合わせをひねったり、ずらしたりすることで、「攻め」と「受け」のカップリングは無限につくることができるわけです。

男だから「攻め」じゃないといけないわけではなく、女だから「受け」じゃないとダメなわけでもない。さらに言えば、「攻め」と「受け」に必ずしも「男女」の見立てを使う必要すらない。性差や役割は、生まれたときから決まっているものではなくて、あくまでキャラクターの要素として、自由に選択して、組み替えることができる。

こういうやり方は、BLの大発見、大発明だと思います。「攻め」と「受け」は自分で選ぶことができる。

これは、世界に広めたい日本のBL文化の良いところではないでしょうか。

「逆カップリング」は内ゲバを生むのか？

僕は『JUNE』やBLのいいところは、ファンの女の子同士が死ぬまで友情をはぐくむことができるようになった、ということじゃないかと思っています。お互いが好きなもので共感できて、「同志」みたいになって、死ぬまで一緒に遊び続けられる。

今だったら「推しのいる楽しみ」とでも言うのかもしれません。

これが素晴らしいのは、宗教みたいに「一日何回の礼拝をしなければならない」とか「これは食べてはいけない」というような厳しい戒律がないところですね。でも「聖地巡礼」など楽しいイベントはたくさんある。お金を使うグッズもいっぱいあるから、「お布施」を払いつつ幸せをもらうこともできる。なんて素敵なことなんだろうと思います。

だけどときどき、仲間同士で争いが起こることもあるから厄介ですよね。びっくりしたのは、「キャプテン翼」の同人誌が流行っていた頃に、「攻め」と「受け」が違うとイベントが違っている、ということを知ったときでした。

「ケン×コジ」と「コジ×ケン」（登場キャラクターの若島津健と日向小次郎のカップリングのうち、どちらが「攻め」でどちらが「受け」かということ）で分かれて、カップリングが逆のところとは、同じ場所でイベントをやれない。

この話を聞いて、学生運動の時代の「中核派」と「革マル派」の内ゲバ（新左翼の党派が、革命に対しての方針の違いで暴力対立を起こすこと）みたいだなと思いました（笑）。僕は早稲田で大学時代を過ごしたこともあって、新左翼セクト同士が骨肉の争いをしているのを傍から理解できずに見ていました。

「同じ左翼同士、仲良くすればいいじゃないか」

と思ったものです。

「キャプ翼」の同人誌界隈の「逆カプ（逆カップリング）」の争いを聞いたとき、最初の印象がそれだったんです。

「同じおたく同士、仲良くすればいいじゃないか」

「同じ『キャプ翼』ファンじゃないの」

って。カップリングの解釈違いで対立するというのが、僕にはいまだにピンとこないんですよね。その組み合わせが違うことが、そんなにすごい選択なのだ、ということが。「世界観が違う」ということらしいのですが、そうなんですか？

社会に決められた（男女の）ルールからせっかく逃れてBLの世界にやってきて、自由に組み合わせが決められるようになって、選択肢が多くなるにつれて、どんどんフェティッシュ（フェチ）になっていってしまう。細分化されていってしまう、というのが感覚的にわからないんですよ。

これは世代のせいかもしれません。これまでお話ししてきたように、『JUNE』はそもそも輪郭がよくわからない雑誌だったので、呉越同舟でいろいろなものが同居していました。それぞれ違うものが、同じ誌面の中で一応、結束できていたのは、外側に敵が多い時代だったからなのかもしれない、とも思います。

かつてはマンガそのものが学校やＰＴＡからクレームをつけられるものでしたし、一般社会や理解のない親など「共通の敵」がいたから一致団結できていました。それがなくなっちゃうと、今度は内輪もめが起こってしまうという流れなのでしょうか。

でも、「棲《す》み分け」をして、無用なトラブルを避ける、という賢いやり方なのかもしれませんね。

「推し」とは神様に祈ることである

いろいろあっても排除はしない、趣味は違うけど相手のカップリングも尊重する、みたいなことってとても大切だと思います。

僕は「推し」というのは、本当に神様に祈っているようなところがあると思うんですよね。かつては、尼さんになったら神様に身をささげて、一生独身で一人で過ごさないといけなかった。でも今は昔とは違って、結婚していてもしていなくても、同じ「推し」を崇める者同士で僧院にいられるし、厳しい規律や戒律もなくて、みんなで仲良く生活できる。

だから、「相手に無理やり布教をしない」というのも大事でしょう。細かい宗派の違いで争い合うよりも、同じ神様を信じる者として仲良くできればと思います。そうでないと、会員を増やすこと自体が目的のマルチ商法みたいになってしまいますからね（笑）。僧院で仲良く身を守りながら、自分たちが自立するための居場所をつくっていく、というのが良いのではないかと思ったりします。あ、「防空壕」と似たようなものですね。

以前、90年代に美輪明宏さんのコンサートに行ったことがあります。当時は、「ギャル文化」が流行っていた頃で、肌を真っ黒に焼いて、独特のファッションで厚塗りメイクをする「ガングロ・ギャル」という女の子たちがいたのですが、美輪さんはコンサートのトークで、ギャルに関して、

「実験に失敗して爆発したあとみたいな顔をして」

と呆れていらっしゃいました。

でも、そのたとえが面白くて笑いながら、少し違和感があったんですよね。というのも、美輪さん自身が、もともと男性なのにお化粧をして、世間からの賛否両論と戦ってきた方じゃないですか。世間の価値観とは違うところで対抗してきて、それで、三島由紀夫や文化人たちにかわいがられたという経験がある人です。

ですから、「女の子は色白でかわいくないとダメだ」という価値観が強い時代に、ガングロのメイクをしているのはすごいことで、美輪さんは「私の美意識とは合わないけど、応援してあげる」と言わないといけないんじゃないかなと思ったんです。「色白だけが美

しいんじゃない」と。

『JUNE』をつくっているとき、「なんで主人公は美しくなければならないんだろう?」ということは頭の隅にありました。

とはいえ、『JUNE』は娯楽のエンターテインメント誌ですから、読者が「この場所を使って、目いっぱい遊んでくれればいい」というのが基本姿勢なので、そんなに難しいことばかりを考えてきたわけではありませんけれど。

「最後まで読んで、損しました」

BLが全盛の時代になって、後発の雑誌や単行本と競合することで『JUNE』が低迷し始めていた時期に、若い読者から(『JUNE』の小説を)「最後まで読んで、ハッピーエンドじゃなくて損しました」という手紙が来たことがあります。

それまでの『JUNE』は一応「耽美雑誌」でしたから、誌面に載る物語も悲劇が多いというのがお約束でした。僕は時代が変わっても、そのお約束は自然なものだと感じていたので、「死んであの世で幸せになる」というのをあまり変だとは思っていませんでした。

でも、「終わりまで読んで、ハッピーエンドじゃないので損した気分になった」という感想をもらって、「たしかにそうかもしれない」と思い直すところがありました。だって、「さんざん苦労したけれど、この世ではやっぱりダメでした」となったら、それは現実でものすごく頻繁に起こっていることじゃないですか。お金を払って読む娯楽で、わざわざそんな現実を思い出させる必要があるのかと言われると、たしかにそのとおり。だから「損した」という言い方に妙に腑に落ちるところがあったんです。

「現実にはこんなハッピーエンド、あるわけないよね。でも、あったらいいな」というのは、お金を払って読んでくれる読者への対価として、ふさわしいところがあります。

もちろん、ストーリーの流れによっては、悲劇的な結末であることもエンターテインメントとして欠かせない要素だとは思いますけど、「BLはハッピーエンドじゃないと」というのには、かなり説得されました。あまり深刻にならないで、もっとシンプルな「つくりもの」でもいいんじゃないか。ウソでもいいから幸せに。

BLというのは、ハーレクイン・ロマンスに似たところがあって、読者の要望に忠実な、ご都合主義的な展開がよくあるんですよね。他方で、『JUNE』の「悲劇」というのも実はある種のご都合主義で、「死んでしまう」ということによって、愛の純度が高まるように感じるという仕掛けですよね。今から振り返ると、それもちょっと「ずるい」ことだったのかもしれないと思ったりします。

もしかしたら、こういう純粋さ（純度）を求めすぎる傾向は、『JUNE』のつくってきたコミュニティの弱みだったのかな、とも感じます。「生きていればいいこともあるよ」っていう単純なメッセージを、あの時代の『JUNE』も、もっときちんと押し出すべきだったんじゃないかって。

でも、明るいハッピーエンドの作品を『JUNE』に載せると、「そんな作品は『JUNE』じゃない」という、昔からの読者の声も少なくなかったんですよね。

読者投稿のはがきで「なるほど、ごもっとも」と思ったのは、「私はBLも好きで読みます。でも、『JUNE』でBLを読みたいとは思いません。『JUNE』は『JUNE』らしくして下さい」というものです。これはこれで、とてもまっとうな読者の意見なので、感心してしまいました。

昔の、こういうタイプの雑誌が『JUNE』しか出ていなかった時代には、ほかに選択肢がないからみんなが読んでくれました。でも、競合誌がたくさん出てくると、BLの雑誌は編集者も女性ですから、読者の「かゆいところに手が届く」。

そうすると、売れ行きが落ちて当然なのですが、BLっぽい作品を載せると、『JUNE』

では評判が悪いという悪循環。このあたりが、終盤の『ＪＵＮＥ』のジレンマだったように思います。会長からは「『ＪＵＮＥ』と『ＢＬ』と『さぶ』の三本柱にしろ」という謎の指示が出ました。

結局、『ＪＵＮＥ』本誌は競合ＢＬ誌が次々と誕生、定着していく中、１９９５年に休刊することになりました。

『JUNE』終刊号。1995年11月

『小説JUNE』終刊号。2004年4月

『ＪＵＮＥ』休刊からフリーランス、そして新天地へ

サン出版（マガジン・マガジン）では、ＢＬの時代に対抗するために、過激なレディース

コミック『アムール』を成功させた水野くんと、女性の三浦さんを中心に『BOY'Sピアス』などハードなBL誌を創刊しますが、それはまた別の話。『BOY'Sピアス』の編集には僕は関わっていません。

水野くんは実は、楽書館の主宰・水野流転さんの弟です。彼は、僕がサン出版に入ったあとに紹介して、『さぶ』の手伝いでサン出版に入社していたのでした。

90年代に出版部に異動になった頃には、僕はすでに『小説JUNE』の編集からも離れていましたが、小説のほうは、その後も10年近く続きました。『小説JUNE』が休刊になったのは2004年のことです。本当に長い間『JUNE』を愛してくれた読者には、感謝の気持ちしかありません。

こうして振り返ってみると、『JUNE』の休刊は時代の必然だったようにも感じます。いわゆる「役割を終えた」ということなんじゃないかなと思います。だから、『JUNE』は休刊しても「ハッピーエンド」だったんじゃないかなって。『JUNE』が蒔《ま》いた種があちこちで芽吹いてくれたのだから、こんなに嬉しいことはありません。

その後、僕はしばらくの間、サン出版でレディースコミックを手伝ったのちに、2006年からフリーランスの編集者として徳間書店の『COMICリュウ』を手伝ったりしながら、京都精華大学に「マンガ学部」が誕生するとき赴任して、学生たちにマンガや編集のことを教えて現在にいたります。

『ＣＯＭＩＣリュウ』は、１９８６年に休刊した『リュウ』という雑誌から誌名を引き継いで２００６年に創刊されたマンガ誌だったのですが、編集長の大野修一さんは、僕が『アニメージュ』ライター時代からの知り合いでした。大野さんから「手伝ってほしい」と声をかけられて編集チームに入って、ふくやまけいこさんや魔夜峰央先生、それから新人作家さんが僕の担当でした。

この『ＣＯＭＩＣリュウ』の新人賞（龍神賞）でデビューしたのが西村ツチカさんです。ツチカさんはそのあと、めきめきと腕を上げていきました。彼の最初の単行本『なかよし団の冒険』の編集も僕が担当しました。その後、マンガ家としても、イラストレーターとしても大活躍しています。

京都精華大学にマンガ学部ができたのも『ＣＯＭＩＣリュウ』の創刊と同じ２００６年で、僕は元小学館の山本順也さんが担当していた「編集概論」を引き継ぐ形で、大学で教えることになりました。

最初は『ＣＯＭＩＣリュウ』の編集と京都の大学の講義を掛け持ちでやっていたのですが、品川駅で降りて徳間書店で徹夜で編集作業をして、終わったらまた新幹線に飛び乗って京都まで行くという生活はかなりハードでした。締め切りを守ってくれる作家さんばかりなら両立できるのですが（笑）、締め切りが遅れてしまうと大学に行けなくなってしまいます。

やはり責任を持って学生をみなければいけないので、途中からは大学のほうに専念して、『COMICリュウ』の編集チームからは外れることになりました。

今は、大学中心で、ほぼ京都で暮らしています。

人生の伏線は、自分で回収する

今になって、『JUNE』というのはいったい何だったんだろうと考えることがあります。でも、『JUNE』は作家さんたちと読者に育ててもらった雑誌なので、僕一人でどういう雑誌だったのかを決めることもできないと思います。

最初はアルバイトの向こう見ずな冒険として企画を出し、「なんで『男同士』に惹かれる女性がいるのだろう？」という素朴な好奇心から『JUNE』を始めました。「この桜の花はなんできれいに咲いているのだろう」と思ったんです。

それで、中島梓さんや竹宮先生、その他いろいろな人たちの力を借りて、ある意味それを突き詰めて研究していったんですよね。そうしたら、梶井基次郎が言うところの「桜の樹の下には死体が埋まっている」だったみたいなのです。

これまでお話ししてきたように、『JUNE』やBLの世界の中で、女の子は「男の子の着ぐるみ」を着ることで、世の中の不自由なお約束事から、自由になることができました。

「24年組」の作家さんたちの多くは、手塚先生、石ノ森先生らの少年マンガを小さい頃から読んで育ってきた世代です。自分たちも、そこに描かれている少年たちのように、自由に冒険の旅に出かけたい――そう思っても、当時の世の中が女の子たちにそれを許しませんでした。フィクションの世界の中で、マンガの中で、そういう冒険を描こうとしても、少女マンガのお約束事もそれを許してくれませんでした。

それをなんとかしようという試行錯誤の中で、男の子に化身することで自由を得る、という独特の表現が生まれてきたのですね。繰り返しになりますが、その「自由」の中にはもちろん「性的な自由」というものも含まれていました。

親から隠れて、こっそり『JUNE』を読んで、自分だけの「秘密」を持つ。そういう秘密の世界が、子どもから大人になっていく自立の過程を支えてくれるのだと思います。『JUNE』が提供していたのは、そういう場所でした。つまり、女の子の上に大きくのしかかっていた抑圧からの、秘密の避難場所だったわけです。

そうやって表現の世界はどんどん広がっていき、社会も発展していって、当時はＳＦやマンガでしか想像できなかったようなＡＩやロボットも、次々と現実のものになってきました。

でも、現実の男女間の差別は、まだまだとても解消されているようには見えません。表現や技術はますます発達して、かつて夢見られた「未来」にどんどん近づいているのに、ジェンダーの問題も、人同士の諍《いさか》いも、国の争いもなくなる気配がありません。それはなぜなのでしょうか？

マンガというのはたしかに現実ではない「つくりもの」の世界です。実際には「マンガのようなハッピーエンド」は難しいでしょう。でも、一方でマンガというのは、「こうありたい」「こうだったらいいな」という「夢」を描いているものなのです。

みんなが本当に望む未来、幸福って何なのか。そういう願望、夢、ユートピアを描くものがマンガの世界です。エンターテインメント産業というのは、とても敏感なもので、「今の世の中に欠けているものは何か」ということを、しっかり探り当てています。

だから、僕はこれからのマンガは「大人の夢」をきちんと描かなくちゃいけないんじゃないかと思います。現実の過酷さ、理不尽さを描くばかりが「リアル」ということではありません。「こうありたい」「こうだったらいいな」という僕たちの願望だって「リアル」

なものなんです。もしかしたらそれが、僕が手塚先生のマンガから学んだことかもしれません。

『JUNE』に関して言えば、読者も作家さんも、みんなそれぞれに自分だけの「悲しみ」「不安」を抱えていて、それを癒すために「少年愛」の作品が求められたという側面が、たしかにあったと思います。それはたとえば、「女なんだから」という両親からの無理解であったり、「女のくせに」という社会からの抑圧だったり、ときには耐えがたいハラスメントだったり、内容はさまざまです。

でも、どんなにそこを掘り進めていっても、過去にあった悲しい出来事、事実というものは決して変わらないんですよね。『JUNE』にできたのは、一時的な避難場所、「防空壕」であることくらいで、現実に起こったものごとを変えるような力は、もちろんありませんでした。

しかし、だからと言って、悲劇的な結末を迎えることだけが、物語の終わり方ではないとも思います。ハッピーエンドを読んで「得した」と思わせるのも、エンターテインメントの大切な役割です。それは現実という戦場を生き抜いていくための勇気を与えるものですから。

正直に言うと、理屈で考えれば、生きていることに理由って、実はあんまりないんだと思うんですよね。でも、生まれてきたということはたしかだから、素直に天寿をまっとうすればいいんだと思っています。

昔、永井豪先生にインタビューをしたことがあるのですが、永井先生は、

「あとから考える伏線もある」

とおっしゃっていました。

週刊誌でマンガの連載をしていて、「主人公のピンチをどうしよう……」と困ったときに、永井先生は前のほうを読み返すんだそうです。そうすると、

「お、ここに、主人公に兄がいると書いてあった」

「お兄さんが助けに来ればいいんだ！」

というふうに、自分が意図しなかった「伏線」を見つける、ということでした。

これは実は人生も一緒かなって思いました。たとえば、僕は下井草の文房具店で増山法恵さんと偶然出会ったことを、「伏線」だと信じることにしました。それで、しっかりその伏線を回収したんです。

人生なんていうものは実はそんなもので、自分で好きなふうにつくることもできるんですよ。

今は、昔の自分の人生で、ハッピーエンドに持っていける「伏線」が、ほかにもっとな

いかと、探しているところです（笑）。
もしかしたらこの本も、そういう試みの一つなのかもしれないなと思いながら、「自分の人生の伏線を回収するストーリーをつくれるかどうかも、編集者の腕の見せどころだ」

と試行錯誤しているところです。

あとがき

まずは個人的な

この本を終えるにあたって、はじめに家族のことを話させてください。

僕というキャラクターが、でき始める最初、一番古い記憶のひとつが、すぐ下の弟の死でした。

予防注射が合わなかったらしく、赤ちゃんのまま他界。寝ている部屋からは心臓の音が大きく聴こえ、死んだら全身が真っ青に（母は、心臓の音は聴こえてなかったと言っていますが）。幼い僕には、それらがとても怖くて、一人でトイレに行けず、かなり大きくなるまで夜尿症が治らず、児童相談所でロールシャッハ・テストなんかを受けていた記憶があります。扁桃腺も手術で取り、肺炎で死にかけたりもした長男の僕の看護と病院通い、次男を失った母の苦労・心労は大変なものだったでしょう。

しかし、その甲斐あって僕は生存でき、いろいろあって『ＪＵＮＥ』を残せたことで、時折、当時の読者やＢＬのファンから、感謝の御礼を言ってもらえるようになりました。「小さな親切運動」で表彰されたりしていた真面目な父も、草葉の陰で喜んでくれていることでしょう。

また、妹が読ませてくれた『りぼん』に載っていた「私の愛したおうむ」（真理教じゃなく、しゃべる鸚鵡のほう）を読んで感動して泣いたことが伏線となり、作者のささやななえと、まさかの結婚となったのも、ナイスなストーリーでした。

そのささやは、残念ながら認知症を発症。被害妄想が酷くなり、徘徊も始まったので、介護付き老人ホームに入ることになりました。入ったら、ストレスなしになったらしく、煙草も酒も不要になり、今は、穏やかです。まだ僕の顔は忘れてなく、会うとニッコリ。

母は、施設の規則正しい食事のおかげでしょう、糖尿病も完治して、92歳で今も元気、頭もハッキリしています。

とにかく、家族がいてくれたおかげで、今の自分がいるわけです。

当たり前のことではありますが、ここに大感謝していることを記させてください。

そして皆様へ

〈異世界転生〉モノが流行っていますが、残念なことに、現実のこの世から他界された方々もいらっしゃいます。

一番のショックだったのは、それこそ『ＪＵＮＥ』の伏線の元であった、ノンタンこと増山法恵さん。

介護疲れや持病で倒れて入院したけれど、それをきっかけに病院のほうで徹底的に検査・治療してくれたそうで、退院後は快調、僕が電話すると、いつも元気な声で、スケートの高橋がいいとか、楽しい雑談で、ついつい長電話になったものでした。

自身の、伏線の最後の回収で、人生のエンディングになってしまったのは残念ですが、今ごろは、「養老院で一緒に暮らそう」と約束しながら先立ってしまった佐藤史生さんと、歓談していらっしゃることでしょう。

また、つい最近では、新聞でイラストレーターのいのまたむつみさんの訃報を読んで、ビックリ。

『ＪＵＮＥ』の表紙を10冊、88年〜89年に描いていただきました。

いのまたさんは、彼女の画集を見てファンになり、来日した時に御指名で会ったマイケル・ジャクソンと、歓談（?）しているでしょうか……。

関係者の皆さんの他界ではない近況などもご紹介したかったし、まだまだ言い忘れていることも少なくないので、可能なら、この本の第2弾で（石ノ森章太郎先生の名著『マンガ家入門』の、Q&Aで構成された続編が出たように）やりたいので、これを読まれた読者の皆さんは、情報や、あるいは質問など、メールか手紙をくださいませんか？（宛先は佐川、もしくは亜紀書房編集部まで、ペンネームと〔参考のため、できれば〕年齢も書いてください）。

「人は忘れられることで二度死ぬ」

という誰かが言った言葉を、僕も信じていますので。

たとえば、近況の例をいくつか挙げますと、

・ずっと教育関係の仕事をしていた原田千尋さんが、執筆活動再開！
・ネットで書き（描き）続けていらっしゃる方も多いですが、白井恵理子さんの『STOP劉備くん！』は、残念ながら休載中。励ましのお便りを！
・『バック・トゥ・ザ・フューチャー』のマイケル・J・フォックスが発症して広く知

られるようになった難病のパーキンソン病に、奈知未佐子さんも……。ずっと隠して、一度も休まずに『フラワーズ』で連載を続けていらっしゃるのですが、進行してきて、さすがに辛くなっているそうです（御本人の許可を得ての報告です）。

・たつき諒（竜樹諒）さんのベストセラー『私が見た未来：完全版』によると、2025年の7月に、南の海底火山の噴火による津波が来て、太平洋側の3分の1ぐらいが被災するそうです。けれど、準備していたので被害は少なく、その後は「輝かしい未来」が見えたということです。

・それから、ちょっと人探し……。
水野英子先生のアシスタントもしてらした神崎春子（峰岸ひろみ）さん、『ロマンJUNE』や『さぶ』でもお世話になりましたが、御本人もしくは御存知の方、よかったらご連絡ください。

最後に、やはり謝辞の御挨拶を。
「皆さんのおかげです、ありがとうございました」

これって、いわゆる社交辞令かと思っていたら、本当にその通りなんですね。なかには「皆さんが邪魔をしないでくださったおかげです」という皮肉混じりの場合もあるようですが、『JUNE』関係と、この本に関しては、まさに、いろんな人の助けなしには絶対に存在できませんでした。

しかし、こと細かに名前を出すと差し障りがあるかもしれないというメンドクサイ時代になってしまっていることもあり……。

本文でも触れた社長をはじめ会社、編集部の歴代スタッフの皆さん、寄稿者の皆さん、印刷所や写植屋さん、取次さん、書店さんなど、製造・流通関係の皆さん、家族以外の個人的関係者の皆さん、そして何より読者の皆さん……、

本当にありがとうございました。

今回は、たまたま僕が主役的なストーリーになっていますが、皆さん一人ひとりに自身が主役の物語があるわけで、それらも読んでみたいものです。

最後の最後に、長期間にわたる編集作業で、この本をこうしてうまくまとめ上げてくれたKくん、お疲れさま&ありがとうございました。

そして、蛇足ですが、亜紀書房さんは、最近他界された演歌歌手の八代亜紀さんとは、関係ないそうですよ。

佐川俊彦
元『JUNE』『小説JUNE』編集長
元『COMICリュウ』編集者
元『アニメージュ』『ポパイ』『スターログ』ライター
現・京都精華大学マンガ学部　准教授
ささやななえの夫

佐川俊彦

（さがわ・としひこ）

編集者、ライター。「元祖BL雑誌」とも言われる雑誌『JUNE』『小説JUNE』を企画・創刊。ドラマCD「富士見二丁目交響楽団シリーズ」、声優CD『塩沢兼人MEMORIAL』、アニメ『間の楔』、MOOK『新世紀エヴァンゲリオンJUNE 読本　残酷な天使のように』『MALICE MIZER 耽美実験革命』『永井豪　けっこうランド』『映画写真集　櫻の園』などの編集・プロデュースに携わる。著書に『漫画力（まんがぢから）』。少女マンガ家ささやななえの夫。京都精華大学マンガ学部准教授。

Special Thanks

故・宮坂信社長

櫻木徹郎

南伸坊

「JUNE《ジュネ》」の時代《じだい》

BLの夜明《よあ》け前《まえ》

2024年6月2日　第1版第1刷発行

著者　佐川俊彦

発行者　株式会社亜紀書房
〒101-0051
東京都千代田区神田神保町1-32
電話(03)5280-0261
振替00100-9-144037
https://www.akishobo.com

装丁　川名潤

印刷・製本　株式会社トライ
https://www.try-sky.com

ISBN 978-4-7505-1836-7　C0095